༄༅། །སློབ་དཔོན་པདྨའི་བསྙེན་པ་ནི།

蓮師心咒

ཨོཾ་ཨཱཿཧཱུྃ་བཛྲ་གུ་རུ་པདྨ་སིདྡྷི་ཧཱུྃ།

嗡啊吽班匝兒格熱巴瑪色德吽

勤唸此咒可化解一切不祥，迅速成就所願

做才是得到

——索達吉堪布教你解脫生老病死苦的實修法門

索達吉堪布 著

現在許多人常抱怨生活太苦，
想從佛法中尋求解脫之道。
實際上，就算有人告訴你最好的方法，
可你從來不去做的話，
到頭來也於事無補。

命運是苦是樂，
掌握在你自己手裡，
做，才能改變自己的命運！

願大家以此得到點滴的利益

今年因為偶然的機會，寫了一本《苦才是人生》，得到不少人的認可和支持，說看後多了一分坦然面對痛苦的力量，對生活、對工作、對人生挺有幫助，這讓我非常欣慰！

不過，也有人問我：「這些道理雖好，我也都懂，但平常遇事還是用不上，該怎麼辦呢？」其實，這就是知道與做到之間的差距。

在唐朝，白居易曾去拜訪鳥窠道林禪師，問：「什麼是佛法大意？」

禪師說：「諸惡莫作，諸善奉行。」

白居易聽了十分失望：大名鼎鼎的鳥窠禪師，竟然會如此平常，毫無玄妙高超之處。於是不悅地說：「這個道理，三歲小孩也知道。」

禪師答言：「三歲小孩雖曉得，八十老翁行不得。」

的確，道理再高妙，如果只停留在字面上，認為自己已經懂了，卻從來沒有在現實中用過一次。那麼，道理就是道理，你就是你，你與道理之間的距離可以跑一匹馬。

現在許多人常抱怨生活太苦，想從佛法中尋求解脫之道。實際上，就算有人告訴你最好的方法，可你從來不去做的話，到頭來也於事無補。就像醫生給你治病，你若拿著藥方卻不吃藥，這藥再可以起死回生，你的病也好不了。

陸游也說：「紙上得來終覺淺，絕知此事要躬行。」從書本上得來的，始終很表面，要想知道它對自己究竟有沒有用，只有親自做一做才會明白。

所以，這本書的名字叫《做才是得到》。裡面的很多殊勝竅訣，只有當你真正去做了、嘗試了，依靠佛法無形的加持，你的身體上、心靈上，才會或多或少得到不同的利益。

不過，飯要一口一口吃，不可能一口就吃成胖子；路要一步一步走，不可能一步就跨過千里。同樣，調心也要一點一點來，不可能修了幾天就想超凡入聖。只要你今天比昨天有一點進步，這就值得歡喜了。如此日積月累，滴水才可以穿石。

當然，書中的有些內容，也許超出了有些人的認知範疇，一下子似乎很難接受。但不要因為跟自己的教育相反，就一概排斥、否認，「我覺得這在唬弄人」、「我覺得這不可能」……

要知道，我們的分別念並不可靠，佛陀也曾說：「慎勿信汝意，汝意不可信。」尤其對於比較陌生的領域，最好是以理性智慧來抉擇、觀察，而不能單憑「我覺得」來下定論。畢竟，我們已被自己的分別念欺騙很多次了。

如今在西方，越來越多的學者，開始接受並認同佛教的理念，並將之應用於臨床治療、臨終關懷等方面，取得了令人驚訝的成果。以前對佛教抱有成見的人，也不得不以全新的視角，對深奧的佛教理論重新探討。所以，佛教到底是迷信，還是智信？相信時間會慢慢給出一個清晰的答案。

其實，你信不信佛教，這個並不強求。然而，人生在世，你我都難免生老病死，而佛教中，正好有面對這一切的殊勝竅訣。假如你用了別的方法都於事無補，那麼，試一試佛教又有何妨呢？

索達吉

於中秋月夜有感而發

二〇一二年九月二十九日

人生在世，你我都難免生老病死，
而佛教中，正好有面對這一切的殊勝竅訣。
假如你用了別的方法都於事無補，
那麼，試一試佛教又有何妨呢？

目次

01 做，就是得到 019

沒人能一手把你拽到天堂，也沒人能一腳把你踹到地獄，命運是苦是樂，掌握在你自己手裡，所以，做才能改變自己的命運！

02 笑談人間幾多苦 057

我們的痛苦，實際上不是來自於外境本身，而是自己內心的執著。古羅馬的哲學家愛比克泰德，也說過：「真正困擾我們的，並不是發生在我們身上的事，而是我們對這件事的想法。」

03

把無常變成人生的正能量 087

佛教常說的「苦」，不是指痛苦，而是指一切都在變化，一切都存在不確定性。這是非常細微的，以至於人們常忽略它的存在，直到哪一天疼痛了、沒錢了、失戀了，才開始叫苦連天，但這時候已經來不及了。

04

懂因果的人有福 113

你想得到什麼，就要先把這個給別人。比如，想發財，就要先把錢財給別人，這是布施；想長壽，就要先把生命給別人，這是放生；想開智慧，就要先把智慧給別人，這是法施……總之，不管你對別人做了什麼，這些最後都會回到你身上，這就是因果規律。

05

佛的加持不可思議 147

什麼時候，當你傾力做一件事情不是為了賺錢，而是因為熱愛它、喜歡它，並想用它來造福更多的人。那麼，財富自然會滾滾而來，幸福更會與你如影隨形。

06

孝順父母的智慧 185

07

佛是這樣關懷臨終者的　209

當今時代，人們對臨終者的關懷遠遠不夠。如果誰家生了個寶寶，全家人有一套嫻熟的「育兒經」；可是家裡有位老人瀕臨死亡，許多人只有哀傷、無助，想幫他卻不知從何做起。

08 看法決定活法 237

如今人心有點浮躁，好多人都喜歡向外索求，自以為所追求的一切，肯定是快樂的源泉。其實，你若靜下來內觀自心，有時候就會發現：你現在追求的東西，未必是真正需要的東西。

01 做，就是得到

沒人能一手把你拽到天堂，也沒人能一腳把你踹到地獄，命運是苦是樂，掌握在你自己手裡，所以，做才能改變自己的命運！

學佛能為我帶來什麼好處

學佛，不僅對來世一定有幫助，今生也會令自己有一種快樂之感。即使你沒有發財、事業上不成功，也不會像沒學佛的人那樣一蹶不振，而始終都會有一種滿足感。

我經常想：學佛最大的優點是什麼？

就是對生老病死有所準備，一旦出現疾病、死亡，不會覺得特別不幸，反而有勇氣從容面對。不學佛的人不是這樣，一旦出現天災人禍，或者遇到生老病死的痛苦，就會抱怨命運不公，自己實在太倒楣了。

對他們而言，平時幾乎很少考慮：「我病了怎麼辦？死了怎麼辦？」即使偶爾考慮一下，也只是給自己買一份保險。其實這些並不保險，醫療保險不能保證你不生病，養老保險不能保證你不衰老，保險公司再怎麼厲害，也解決不了你的生死大事。

一個人只有學了佛，面對這些才會輕而易舉、遊刃有餘：快樂時突然出現痛苦了，這沒什麼，苦樂本就是無常的；健康時突然出現疾病了，這也很正常，輪迴的本性就是生老病死；親朋好友忽然離去了，這就是聚際必散的規律。可見，佛教對於人生種種，有著不同於常人的認識。

曾經有一次，我遇到一個不信佛的知識份子，作了短暫的交流後，他說：「你們佛教還是可以啊，以另一種方式詮釋了人生。」為什麼這麼說呢？皆因從生到死這一段歷程，世間人按照尋常的方式理解，結果一直在痛苦中打轉；而學佛的人會從另一個角度理解，結果走出了不同的人生。

有些人學佛後被人嘲笑，開始悶悶不樂。其實這沒什麼可憂惱的。古人曾說：「上士聞道，勤而行之；中士聞道，若存若亡；下士聞道，大笑之。」對於真正的大道，上等者聽了，會腳踏實地去做；中等者聽了，想起來就做，想不起就不做；下等者聽了，不但不接受，反而大聲嘲笑。學佛後，你會發現一種莫名的歡喜在心裡冉冉升起，真的不可思議。所以，遭人譏笑時，沒必要以此為恥，而應當引以為榮。

多做利他的事就不苦

佛陀告訴我們：人的一切快樂，都是從利益他人中產生的；一切痛苦，都是由只為自己而引起的。你若能明白這一點，並試著去慢慢改變，其實得到幸福很快，並且很長久。

當今這個時代，生活上跟以往相比，有了翻天覆地的變化，但人們內心的痛苦、壓力、煩躁，卻比過去增加了幾十倍、甚至幾百倍，真可謂「得」不償「失」。

過去，不少人以為有錢就會帶來快樂，但後來有了錢才發現，快樂並沒有如期而至，痛苦卻是層出不窮。

美國蓋洛普調查證明：按一百分為滿分的話，中國消費者在一九九四年，幸福指數是六十九分；一九九七年最高，達到七一分；十年後的二〇〇四年，卻降到了六十七分。

這說明了什麼？在過去的十年裡，隨著經濟的發展，人們剛開始覺得很幸福，但沒多久，幸福指數就日漸下挫。不說全世界，僅僅是中國，據統計，每年就有二八・七萬人死於自殺，二百萬人自殺未遂，相當於每兩分鐘就有一人自殺身亡。

實際上，人生本來就充滿了痛苦，不管你有錢有勢，還是家境貧寒，都註定要經歷各種苦。但凡夫人以為生活本該充滿快樂，並對此寄予了厚望，一旦遇到違緣，就會難以面對、接受，甚至可能萬念俱灰，選擇一條「不歸路」。

美國史學教授達林，曾寫過一本書叫《幸福的歷史》。主題就是：人類的幸福到底是什麼？到底什麼能給我們帶來幸福？

答案是什麼呢？「如同神話裡盛過基督寶血的聖杯一樣，極致幸福也可能只存在於我們的想像中。」

換句話說，真正的幸福是得不到的。這種觀點，可以說與佛教中講的「三界無安」不謀而合。

或許有人駁斥：「人生中並非全是痛苦，還是有一些快樂的。」話雖不錯，但實際上，這些快樂都是暫時的、無常的，隨時可能會變成痛苦。所以，我們的快樂，就像一塊藍布上的小白點，只是偶爾的點綴，卻不是人生的底色。

還有人以為，快樂存在於感官之上，比如身體的接觸、悅耳的聲音、漂亮的東西……確實，這些都可以帶來快樂，但這種快樂特別膚淺，有時候通過藥物也可以獲得。

其實，真正的快樂來自內心，人要想離苦得樂，就必須從內心下手。

怎麼下手呢？

關鍵要知道：痛苦的根源是對自我的執著。因此，一旦你試著不再執著自我，將生活的重心轉為利他，你會發現，原來壓得你喘不過氣來的東西，譬如對名利的殫精竭慮、對感情的患得患失，不知不覺中就不在了。

有個教授和一個學生在田間小道上散步，突然看到地上有雙鞋，估計是附近一個農夫的。學生對教授說：「我們把鞋藏起來，躲到樹叢後面，看看他找不到鞋子的感受怎麼樣？」

教授搖搖頭：「我們不能把自己的快樂建立在別人的痛苦之上，你可以通過幫助他給自己帶來更多快樂。你在每只鞋裡放上一枚硬幣，然後躲起來觀察他的反應。」學生照做了，隨後他們躲進了旁邊的樹叢。

沒多久，一個農夫來到這裡，把鞋往腳上套去。突然，他脫下鞋彎下腰，從裡面摸出了一枚硬幣，臉上一下充滿了驚訝和欣喜。他又繼續去摸另一隻鞋，又發現了一枚硬幣。這時，教授和學生看見他激動地仰望著藍天，大聲地表達著自己的感激之情，話語中談到了生病無助的妻子、沒有東西吃的孩子……

學生被這個場景深深地感動了，他的眼中充滿了淚花。這時教授問：「你是不是覺得這比惡作劇更有趣呢？」

學生說：「我感覺到了以前從不曾懂得的一句話——給予比接受更快樂！」

佛陀告訴我們：一切快樂，都是從利益他人中產生的；一切痛苦，都是由只為自己而引起的。你若能明白這一點，並試著去慢慢改變，其實得到幸福很快，並且很長久。

想除苦，修「自他相換」就行

寂天菩薩說：「若想在短時間內獲得成就，讓自他從苦海中解脫，最為祕密的竅訣，就是修自他相換。」

常有人對我說：「堪布，請您給我傳一個竅訣吧！」

其實，真正的竅訣就是修「自他相換」，把自己的快樂施給他人，他人的痛苦由自己代受，這也是換位思考的一種更深層的修行。

那麼，自他相換該如何修呢？要依靠呼氣、吸氣進行修持。

呼氣時，觀想自己的快樂、善根、健康、福報等變成白氣，從鼻孔呼出，融入眾生的體內，令他們獲得圓滿的安樂；

吸氣時，觀想眾生所有的痛苦、煩惱、魔障等變成黑氣，從鼻孔吸進來，融入自己的身體，由自己來代受這世間的一切不安與痛苦。

這不僅是殊勝的大乘修法，也是消除痛苦最快速、最實用的竅訣。

作為凡夫俗子，我們不可能一生中完全一帆風順，沒有任何違緣。有時會不幸患上肺炎、肝炎、癌症等疾病；有時會遭遇到人或非人的魔障侵害；有時心情沮喪，覺得每個人都看不起自己、歧視自己；有時候心中的煩惱特別猖狂……

曾有個老人給我打電話：「堪布，我現在非常痛苦，又生病，別人又欺負我，您能不能給我找一個解決的辦法呀？」

其實不要說是我，就算是諸佛菩薩，除了這個自他相換法以外，也沒有別的了。於是我對他說：「你可以觀想自他交換，代一切眾生受苦。」

那個老人聽後回答：「這個辦法也對，但我想——嗯，應該還有一個行之有效的方法吧？不然的話，怎麼還這麼痛苦呢？」

我當時想，一方面可能是這個老人的業力現前，另一方面也是由於他沒有找到正確的方法來調伏心，總以為從什麼地方吃點藥、得個加持，依靠某種物質的力量就能消除身心的煩惱。

其實，當我們身心感到痛苦時，《修心七要》中告訴我們：「修自他相換，是上上下下最根本、最唯一的竅訣！」

佛陀所揭示的因果，
不是用來嚇唬人的，
而是用來提醒人的。
這個真理不管你是否相信，
它都在那裡，不增不減。

有些病，請交給佛來醫

世界衛生組織曾公布：人類已知的疾病，大概有三萬種。其中約有一萬種，也就是三分之一的病，可以得到有效治療。而其他大多數疾病，現代醫學暫時束手無策。

長期被病魔纏身的人，每天睡覺時輾轉反側、夜不成眠，怎樣躺臥也沒有一個舒適的時候，甚至連生活都不能自理，簡直度日如年。他們往往暴躁易怒，動不動就大發雷霆，對別人的一切都看不順眼，性格要比過去固執得多。此時就算有人肯照顧他，他也時常挑三揀四，甚至破口罵人。

世間人在生病以後，想到死亡可能突然來臨，經常不寒而慄、坐立不安。由於魔障、惡緣的牽制，以致在夢中、甚至白天有許多迷亂現象，使得身心無法自主，真是迷亂中的迷亂，也有人因此而自尋短見。

佛陀在《正法念處經》中講過：「病苦害人命，病為死王使，眾生受斯苦，此苦不可說。」確實，我們的病苦難以忍受，沒得病時感覺不到，一旦不幸得了病，到醫院裡一看，自他都是苦不堪言。

尤其是當今社會，許多怪病層出不窮，不管是身體上的四大不調，還是精神上的抑鬱症、自閉症，許多人罹患之後四處求醫，卻常常藥石無效。

佛教中講過，疾病的成因有兩種：一是前世的業力，二是今生的外緣。後者治療起來相對容易；但前者的話，單靠求醫問藥很難治癒，此時就需要向佛法求助了。

我認識一個人，曾經得了非常嚴重的慢性疾病，在一些大醫院治療，花了六萬多，效果也不是很大。失望之餘，她聽說喇榮佛學院的壇城塔對調心治病很有幫助，於是就來這裡轉壇城塔、磕頭，又去朝拜了德格虹身成就者的塔。依靠這些方法，再配合一些簡單的調養，結果不到一年半，她的病就痊癒了。

生活裡，有些病，藥物是無能為力的，甚至還帶來嚴重的副作用，這時，你可以試著去念咒、轉繞、頂禮、懺悔、發願，通過祈求諸佛菩薩加持等途徑，或許會有意想不到的效果。這方面的事例，古往今來發生得實在太多了。

以前沙拉寺也有一個十四歲的小喇嘛，叫耶喜。一次他牙疼得厲害，下顎發炎腫得很高，不能吃東西和說話。當時，耶喜的伯父把他送到一位老僧人那裡。只見老僧人念了幾句含糊不清的咒語，轉身過來，對著耶喜腫脹的下顎，吹了一口氣。整整一星期，老僧人都在這樣做。

第八天，老僧人在發炎的地方，吹了三大口氣。那腫脹的地方突然裂了，膿汁流了出來，疼痛立刻消失。最後，小耶喜的牙疼神奇地痊癒了。

佛法是不可思議的，在現世裡，當你身心遇到解決不了的病苦時，不妨去求求佛的加持，說不定會給你帶來意外的驚喜。

改變一種觀念，就可能新生

世間上不少人自以為不怕死，自以為看透了死亡，平時講得天花亂墜，但死亡真落到頭上時，頓時驚慌失措、恐懼萬分。而有些不認識字的老太太、老爺爺，平時特別虔誠地一心念佛，在死亡來臨時，他們對往生充滿了信心。

信佛的人，死也快樂、活也快樂，怎樣都能隨緣而轉。

一九七六年，有位美國婦女去紐約拜見第二世敦珠法王。她原本對佛教並不熱衷，只因自己病得很嚴重，絕望之餘，就想看看一位西藏上師到底有什麼辦法來救她。

她走入房間，一見到敦珠法王慈悲、親切的模樣，眼淚就掉了下來，衝口而出說：「我只能再活幾個月了，您能幫助我嗎？我快要死了。」

這時，法王溫和地笑了起來，平靜地告訴她：「不僅是你，我們大家都正在等死，只不過是遲早而已。」

聽了這幾句話，她的焦慮當下消失，明白了自己存有解脫的希望。隨後，她皈依了佛門，在法王面前接受一些面對死亡的竅訣。最後，她因為全心全力地投入修行，奇跡般地獲得了痊癒。

可見，有些絕症患者雖被醫生判了「死刑」，但通過佛教的一些觀修竅訣，會產生戲劇化的治療效果。

當然，並不是所有的病都能這樣治好，但就算好不了，懂得佛教的道理之後，當死亡真正來臨時，內心也不會特別恐懼。

我們離開人間是正常現象，不管是誰，得了絕症或是臨終的時候，用不著絕望，絕望也解決不了問題。只有好好地祈禱、發願、念佛，才是最好的辦法。我就認識一個大學生，她得了癌症。後來她放下一切，臨死之前一心念佛，結果癌症奇跡般地消失了。

對世間人來說，一聽到死亡的消息，就非常恐怖、非常傷心，覺得一定要活下去。而信佛的人，因為早就有所準備，死也快樂，活也快樂，怎樣都能隨緣而轉。

所以，在對待死亡的問題上，學佛和不學佛有很大差別。

怕老是沒用的

人的一生，包括少年、中年、老年乃至死亡，其實是很好的修行教材。面對衰老的來臨，修行人與世間人有天壤之別。

有人曾說，孩子初生時大哭，是在控訴輪迴的痛苦。隨著歲月的流逝，昔日的嬰兒在不斷成長，小學、中學、大學、成家立業……韶華之年，他表面上看來青春美滿，但實際上生命卻在一天天縮短，正在吃喝玩樂、享受生活時，不知不覺就會步入老年，感受衰老的痛苦。

世人雖喜愛青春韶華，卻不想暮年這麼快就到來，誠如聖天論師在《中觀四百論》所言：「青春時光剛剛謝落，衰老就會現於眼前，儘管人人都想青春常在、永遠不老，但青春與衰老就像賽跑一樣，剎那不停地就流逝了。」

人老了以後，皮膚、頭髮、骨骼等都會加速退化，雖然渴望欲妙受用，怎奈心有餘而力不足；由於身體的風脈衰退，以至於承受力、忍耐力極其薄弱；行住坐臥、稍稍活動就會氣喘吁吁，感到困難重重；做什麼事都很費勁，常常感到苦惱、絕望。

有時我去一些養老院，看到那裡的條件不錯，但老人們心裡很落寞。如果你不懂何為老苦，到了那裡以後，看到老人們睡的地方、吃飯的狀況，就會感悟到：「哦，總有一天，我也會變成這樣。」

有些老年人常誇耀自己年輕時如何漂亮，但現在再怎麼講，臉上也找不到一絲漂亮的痕跡。而且，平日裡說話吞吞吐吐，走路顛顛倒倒，跟年輕時相比，簡直相差懸殊。

不過，面對衰老的來臨，修行人與世間人有天壤之別。

法王如意寶圓寂前兩年，已經七十多歲了，但他老人家講《大圓滿前行》、《寶性論》時，引用佛經、印藏大德的教證滔滔不絕。不信佛的領導聽到後，特別驚訝：「啊，七十多歲的老人，還能背出這麼多教證？真是太精彩了！」

明朗大師造《三戒論注疏》時也是年過七十了，他在此論的結尾中說：「儘管我年紀大了，但智慧卻有增無減，越來越熾盛。」

在藏地，榮索班智達活了一百一十九歲，漢地的虛雲老和尚圓寂時是一百二十歲。

我家鄉還有一位老人，從年少起就堅持每天磕一百個頭，至今也從不間斷。現在他雖有九十六歲了，但仍身體硬朗、精神矍鑠，上樓梯也不需要人扶。

怕老是根本沒有用的。人的一生，包括少年、中年、老年乃至死亡，其實是很好的修行教材。我們若能對此認真思維，認識到無常是世間不變的規律，並對此產生堅定的信解，那在老年的時候，就知道自己該抓緊時間做些什麼。

有歸宿感的人，晚年不會苦

一個人，不管是什麼身份，只要一心念佛，就能得到不怕病、不怕老、不怕死的境界。

老年人不念佛，真的很可憐。

他們到了晚年，天天指望子女來看望自己。但現在這個社會，子女因為太忙碌，很少有空去看父母，於是他們非常失落：「我老了，所有人都不管我……」

其實，他們若能像藏地老人那樣念佛，心裡有一種歸宿感，內心自然不會有這樣的波瀾。

在我的記憶中，凡是見過的藏族老人，沒有一個不念佛的。很多藏地老人不喜歡子女常來看自己，怕打擾自己念佛。比如自己每天要念兩萬遍佛號，如果子女來了，就不得不陪他們聊天，佛號就不一定念得完。所以，很多老人要求子女沒事千萬別來，只要定期送點食物就行，甚至送完食物也要趕緊離開。

我小時候認識一個人，叫桑當嘎洛，我對他的印象比較深，平常有空的時候，腦海裡經常浮現他的笑容和慈祥的目光。我們之間的交往，可能有十幾年。每次看到他，他總是坐在屋子裡念佛，用一個大大的手動轉經輪。他每天只吃一頓午飯，一般跟家人不接觸，要求他們送進來。家人也是非常孝順，中午好好地供養他，除此之外，他一天中不見任何人。因為我們兩個在行持善法方面，有共同的見解，小時候我經常去他那裡，聽他講一些佛經的公案。

我認識的這位老人，只是個普普通通的在家人，他十幾年如一日，每天都是轉經輪、念佛，行為與現在的很多老人完全不同。現在的老人是什麼樣呢？要麼終日茫然地等待著，要麼在家裡吵吵鬧鬧、說是道非，管孫子、管兒子，經常參與沒有意義的事，如何度過晚年從來沒有一點點預計。如果他們能念佛，就不會浪費剩下的寶貴時日了。每天在清淨的念佛聲中度過，心裡會非常清涼，臨終時也會十分安詳。

在明代，湖南衡陽有一姓黃的鐵匠，一家四口都靠打鐵維生，生活特別艱辛。他常常感嘆：「人生實在痛苦，不知何時才能獲得快樂？」

一天，有位行腳僧路過，他問僧人：「有沒有既不花錢，也不妨礙打鐵，還能離苦得樂的方法？」

僧人告訴他：「如果你不停地念阿彌陀佛，將來往生極樂世界就沒有痛苦了。」

他聽了之後很有信心，從此一邊打鐵一邊念佛。推風箱時，推一次風箱念一句佛；打鐵時，也是打一錘念一句佛。

他妻子說：「站在爐邊已經夠熱了，打鐵也夠累了，你還要念佛號，會把人累壞的！」

他笑笑回答：「平時在爐邊很熱，念佛後反而清涼；平時打鐵腰酸背痛，念佛後反而輕鬆，晚上睡覺也很好。」

後來有一天，鐵匠對妻子說：「我要回家了。」

妻子不解：「這不是你的家嗎？」

他說：「回極樂世界去。」隨即口說一偈：「叮叮噹噹，久煉成鋼，太平將近，我往西方。」說完便站著往生了。

生活中，很多人自以為看透了生死，可真正看到醫生的「病危通知書」時，依然手忙腳亂，感覺天崩地裂，非常渴望多活一段時間，哪怕是一個小時、一刻鐘也願意。可是念佛的人不會這樣，在面對衰老、死亡等問題上，他們往往有不同於世人的一份從容與自在。不過，遺憾的是，如今又有幾人會向念佛的老人，投去關注、效仿的目光呢？

人老了，投靠阿彌陀佛可能最有意義

想要往生的話，除了要有阿彌陀佛的加持，更需要自己的深信發願。倘若自己都不願意往生，縱然阿彌陀佛的加持不可思議，也不可能拽著頭髮把你拉到極樂世界去。

人老了，應該為自己尋找生命的歸宿了。而在所有的歸宿中，投靠阿彌陀佛最有意義。在藏地，老人都能做到三不離：口不離佛號或心咒，左手不離念珠，右手不離轉經輪。但漢地很多老人不是這樣，他們離不開的是什麼？想必大家都很清楚。

或許有人以為，念佛只能在家裡念，到外面就不能念了。其實並非如此，我們在行住坐臥中，都要做到念念不離佛號。

在《淨土聖賢錄》中，就講過一則精彩的公案：

清朝年間，杭州有一位出家人，平素喜歡吃冬瓜，被人們稱為「冬瓜和尚」。冬瓜和尚平日少言寡語，每天吃完飯後，就到街上邊走邊念佛，晚上回來後也念佛不輟。如此寒暑不斷十餘年。

他有一個朋友，叫慧照法師，看他一天到晚在街上走來走去，總覺得他修行不太用功，但也不好說什麼，因為他的習慣就是如此。

一天，冬瓜和尚對慧照法師說：「明年正月初六，我要往生極樂世界，你能不能來送我？」慧照法師根本不信，認為他是在開玩笑，但也勉強答應了。

到了正月初六那天，慧照法師去他的寮房，結果冬瓜和尚不在，出去吃飯了。慧照法師心想：「竟連一點準備都沒有，還說要往生，哪有這回事！」

冬瓜和尚吃完飯回來，見到慧照法師，就問：「你來找我幹什麼？」

慧照法師回答：「你不是說正月初六要往生，還叫我來送嗎？難道給忘了？」

冬瓜和尚一拍腦袋：「哎呀，多虧提醒，我還真差點忘了。」隨即就沐浴更衣、焚香禮佛，並對慧照法師說了一偈：「終日走街坊，心中念佛忙，世人都不識，別有一天堂。」說完，便安然示寂了。

這位冬瓜和尚，表面上經常逛街，但心裡從來沒有離開過念佛，佛號已融入了他的一切。一個人若能像他那樣，時時處處不忘念佛，對阿彌陀佛有堅定不移的信心，即使很愚笨，也能獲得成就。正如《二觀察續》所言：「愚者具堅信，彼可獲悉地。」

即使你不懂現代的尖端科技，也不懂佛教的諸多道理，但只要有一顆虔誠的信心，聽到極樂世界的功德，百分之百誠信：「西方肯定有極樂世界，我一定要往生！」單憑這樣的信心，也一定能得到大利益。

畢竟，想要往生的話，除了要有阿彌陀佛的加持，更需要自己的深信發願。倘若自己都不願意往生，縱然阿彌陀佛的加持不可思議，也不可能拽著頭髮把你拉到極樂世界去。

念一聲佛號，功德無法估量

不同的佛號有不同的功德，就像這個世間上，不同的藥可以治療不同的病一樣。其實，念佛號的話，不管老年人也好、年輕人也好，有地位也好、有錢財也好，黃種人也好、白種人也好，什麼樣的人都能得到利益。

對有些根基的人來說，念一個「阿彌陀佛」足以讓自己成就，但即便如此，也不能一概否認其他佛號的功德。

畢竟眾生的根基、喜好千差萬別，有些人念一個「阿彌陀佛」即可得以度化，別的人則要依靠其他佛號度化，甚至還有一些人需要念很多佛號……各種各樣的情況都有。所以，凡事不能千篇一律，否則，昔日佛陀也不會針對不同的眾生，廣開八萬四千法門了。

《地藏菩薩本願經》中也講過：「但念得一佛名號，功德無量，何況多名？」這段話就說明了，念佛不是只能念「一佛名號」，而是可以念「多名」。

比如，有些人害怕出現地震、雪災、海嘯、瘟疫等災難，可以大量念「南無龍自在王如來」。

有些人特別怕魔、怕鬼，晚上不敢一個人上廁所，此時就念「南無日月燈如來」。

還有人特別愛漂亮，渴望相貌端嚴，那可以長期念「南無步蓮如來」。

總之，不同的佛號有不同的功德，就像這個世間上，不同的藥可以治療不同的病一樣。

但不管念哪一尊佛的名號，功德都無法估量。在《涅槃經》中，佛陀曾告訴大國王：「你打開國庫，一個月中把金銀財寶布施給所有人，這個功德雖然不可思議，但遠不如有人稱念一聲佛號的功德大。」

甚至，即使你不說「佛」，只說「南無」兩字，也有極大利益。《阿含經》中記載：提婆達多曾與佛陀作對，造過三個無間罪，命終墮地獄時特別害怕。當時有人勸他念「南無佛」，但他對佛陀的嫉妒心非常強，一直不肯說「佛」，只說「南無」。以此功德，佛陀授記他將來成為南無辟支佛。

其實，念佛號的話，不管老年人也好、年輕人也好，有地位也好、有錢財也好，黃種人也好、白種人也好，什麼樣的人都能得到利益。哪怕是動物，正在掙扎著死去時，你在牠耳邊念一聲「南無寶髻如來」，它也能得到巨大的助益。

我曾翻譯過米滂仁波切的《諸佛菩薩名號集》，裡面就收錄了諸佛菩薩的名號，並詳述了各自的相應功德，大家有時間可以經常念。假如有些老人年紀大了，實在念不了那麼多，那麼念其中的一個佛號也行，兩個佛號也行，三個佛號也行……自己可以盡力而為。

今生能遇到這些佛號，不管是用眼睛看、用嘴巴念，還是別人念時自己在聽，都是十分有福報的。

死是大苦，請佛來幫你解脫

假如你學了佛法，擁有修行的境界，一旦死亡降臨，便會憶念起佛法的臨終竅訣，依此把握住機會，則很容易獲得解脫。

我曾看過一篇文章，是一名在校研究生寫的。

他說自己本是個樂觀主義者，後來突然想到死亡問題，覺得自己死後就會永遠消失，現在所擁有的快樂也會煙消雲散，因而感到極為恐怖，整日萎靡不振。同時，他一想起爺爺、奶奶、爸爸、媽媽，覺得他們遲早都會死，誰也無法超越這個規律。想到這些就很難過，但又無法停止這種念頭，於是他到處詢問：「在這個世界上，誰能幫我消除這種憂慮？」

我倒是很想告訴他：「如果你學了佛法，就會明白人死後心識是不滅的，它依然會跟隨你的善惡業報，不斷流轉於輪迴中。」當然，他也算是不錯了，至少有勇氣正視死亡，不像許多人一樣諱疾忌醫，提起「死」馬上就轉移話題。但遺憾的是，由於他沒有接觸過佛法，一旦真正面對死亡，仍然無力擺脫這種怖畏。

人到了臨終之時，躺在病床上不能起身，見到美食無動於衷，面對美色視若無睹，甚至聽別人開玩笑也毫無反應，即使親友團團圍繞，也不能延緩自己的死期，此時的痛苦，唯有自己一人感受。

這時候不要說一般人，就算是擁有幾千弟子的上師，或幾億子民的國家元首，在離開世間時，也是獨自感受死亡之苦，他人根本不可能代受。誠如《無量壽經》所言：「人在世間，愛欲之中，獨生獨死，獨去獨來。」

不要說生死，就算是生病，別人想幫，也幫不上忙。以前我在醫院看到一些領導，他們條件很不錯，住院時有許多豪華的轎車來送，可是一旦入了醫院，只剩一些親屬幫他拿行李、拎包、揹電腦，除此之外，誰也沒辦法代他受苦。生病尚且如此，死的時候更是這樣了。縱然你擁有無法估量的財產、眷屬，也不能帶走一分一文、一人一僕，雖然對此難以割捨，但這些不可能隨身而行。

尤其是罪孽深重的人，在彌留之際，憶起以前所造的罪業，此時一定害怕墮落惡趣。回想自己自由自在時，沒有修持對臨終有利的正法，真是追悔莫及，禁不住手抓胸口，在留下深深的指印後完結了一生。

曾經我在藏地就見過這樣的人，他生前特別喜歡打獵，殺過的野獸不計其數。他在臨死時恐懼異常，還沒有咽氣前，就看見很多鹿子、獐子來追他，口裡不斷地喊著：「我殺過多少多少動物，牠們正在向我索命……」我們在旁邊聽到這些，都覺得膽戰心驚。

死亡，是我們每個人都要面對的大苦。《正法念處經》中也說：「人為死所執，從此至他世，是死為大苦。」假如你學了佛法，擁有修行的境界，一旦死亡降臨，便會憶念起佛法的臨終竅訣，依此把握住機會，則很容易獲得解脫。

就如同一個人乘火車去外地，由於從未坐過火車，父母告訴他：「等會兒到了火車站，怎麼樣買票，怎麼樣上車，怎麼樣找座位……」提前都講清楚後，等這些情景逐一出現時，他就會想起父母的囑咐。同樣，我們在活著的時候，若能銘記善知識講授的臨終竅訣，一旦死亡的各種景象出現，就可以一一認識，並行持相應的修法。

佛教中的大成就者，面對生死是非常自在的。

後唐有位保福禪師，一天他對眾弟子說：「近來我感覺氣力不繼，想來大概時限已至。」弟子們聽後，頓時躁動起來。有的說：「師父身體仍然很健康，請您不必多慮！」有的說：「為了教導我們，請您長久住世！」有的說：「您要加倍保重身體，常住世間為眾生說法！」

一時之間，寺中充滿了喧嘩之聲。

正在眾說不一時，突然一位弟子說：「生也好，死也好，一切隨緣由他去便好。」禪師聽後哈哈大笑，滿意地說：「我心裡要講的話，什麼時候被你偷聽去了！」說完便安詳圓寂了。可見，成就者不受生死的束縛，死亡何時降臨，都是無所畏懼的。

要知道，每個人在臨死時，世間的一切都幫不上忙，唯有自己所造的善業，才可以救護。寂天論師也說過：「唯福能救護，然我未曾修。」

這一點，好多世間人真的不懂，尤其是大城市裡的人，整日忙於一些微不足道的小事，卻耽擱了一生至關重要的大事。

龍猛菩薩在《大智度論》中有這樣一句話：「不寐夜長，疲倦道長，愚生死長，莫知正法。」失眠的人，覺得長夜漫漫，十分難熬；疲憊不堪的旅人，覺得路途漫漫，沒有邊際；而愚癡的眾生，覺得輪迴漫漫，遙遙無期，原因是什麼呢？就是不了知解脫的正法。

他若死時你救他，你若死時天救你

彌勒菩薩偈云：「勸君勤放生，終久得長壽，若發菩提心，大難天須救。」

清朝道光年間，有一位太守身患重病。正在生命垂危之際，他發下誓願：「從今之後，饒益一切有情，懺悔自己的業障，捨棄一切世間俗事！」

當晚，觀音菩薩在夢中對他說：「你昔日殺業重，今得短命報。幸好此時能發堅固誓願，當下唯有放生能延壽，且可增福祿。」他醒後大有所悟，於是全家戒殺、常常放生，病體終於痊癒了。

藏地爐霍縣也有一位牧民，多年患疾，十分痛苦，去過很多醫院，皆無明顯療效。有一位僧人打卦說她前世殺生極多，若不放生，則多病短命。此後，她發心放生，結果疾病不藥而癒。如今，她特別相信因果，每年都捐款放生。

佛經中講過「人天七德」——種姓高貴、形色端嚴、長壽、無病、緣分極好、財勢富足、智慧廣大，這是世人都非常嚮往的福報。其中，長壽、無病的根本因即是放生，放生也是其餘五德之助緣。世親論師說：「釋放遭殺眾，如是賜生命，斷除害有情，獲得長壽命。」

特別是有的人患了一些怪病後，連醫生也束手無策，此時若立即放生，往往有不可思議的療效。

往昔，杭州有一個愛打鳥的人，一天背上突然長瘡，大夫無能為力。他猜想是自己今生殺生的果報，於是發誓不再殺生，並作放生，此後診治便有了效力，而且逐漸痊癒了。

在藏地，也有許多被醫生診斷為必定死亡的病人，家人去放生、念經後，就不可思議地慢慢康復了。

四川遂寧市有一位醫生，醫術高明，在海內外影響極大，家裡掛滿了省、市、中央及國外病患所敬獻的錦旗。我曾向那些被她治癒的人打聽她是如何治病的？他們都說：「醫療無效時，這位醫生就勸我們放生、念經等。遵照囑咐，我們廣行放生等善行後，身體就痊癒了。」可見，放生是十分見效的治病方法。

此外，通過放生，轉短命為長壽者，自古以來也不勝枚舉。

從前，蘇州有一個人叫王大林，具有大慈大悲心，常常放生。每當看見村中小孩捕捉玩弄魚鳥時，就竭力勸止，並給錢以放生。

他平時勸人：「少年時，必須培養愛惜仁慈物命的美德，不可養成殘忍好殺的壞習氣。」

他如是於一生中勸人行善斷惡，後來得重病將死時，佛菩薩顯現告訴他：「你平生放生，有極大功德，將可增福延壽三十六年。」當下他覺得身體輕安。之後，他活到九十七歲才無疾而逝。

古今善惡報應，昭昭分明；感應事蹟，歷歷在目。望你明白這些道理後，今後能尊重每一個生命，行為上懂得該如何取捨。

愛護物命，從點滴做起

「聖雄」甘地說：「從對待動物的態度上，可以判斷這個民族是否偉大、道德是否高尚。」

不管對什麼樣的眾生，包括動物在內，我們都應該有一顆慈悲心。

在生命的平等線上，動物和人類共同擁有生存的權利。我們沒有任何可靠的依據，證明自己有資格掠奪它們的生命，吃其血肉，穿其毛皮。

有人認為，殺動物跟殺人是不同的，因為它們不會說話，也沒有人類這麼高的心智。

關於這一點，十八世紀的英國哲學家邊沁駁斥道：「問題不在動物是否有心智，或是有沒有說話的能力，而在於它們是否有感受苦樂的能力。」

這句話講得非常到位！人與動物在避苦求樂方面，沒有任何區別，完全一模一樣。一個人若能關愛動物，救護它們的生命，這種恩德也特別大，有時候甚至能今生感果。

民國九年，曾發生過一則傳奇故事：

有一山居人家，在辦完喜事的第六天，全家正在祭祀祖先之際，忽然跑來一隻受驚的山鹿，因為被獵人追趕，躲到了祖先的供桌下。新娘非常善良，趕緊把山鹿藏起來。不一會兒，獵人追到，說鹿是他的，必須交出來。新娘不忍心，就準備買下這只鹿。獵人趁機敲詐，非要二十個銀元不可。雙方討價還價半天，最後降到了十五個銀元。價錢談定後，新娘的公公婆婆面現難色，因為這次娶媳婦就用去十五個銀元，家裡實在拿不出那麼多錢。新娘說願把自己的陪嫁十五個銀元全部拿出來買鹿。家人只好同意，但覺得此舉十分愚蠢。獵人得銀後離去，新娘便從桌下招出山鹿，安撫一番。鹿輕跳幾下，跑回山林中去了。

幾年以後，新娘生了一個兒子，剛滿周歲那天，家人正值忙碌之際，便將嬰兒放在院中椅子上。這時，山鹿又再次出現，用鹿角挾起椅子及嬰兒向外跑去。

家人見山鹿偷了孩子，便急忙追趕出來。追到山外之後，忽聽一聲巨響，回頭一看，只見屋後的高山倒塌，整個村子瞬間夷為平地。

這時，山鹿輕輕放下嬰兒，跑回山中不見了。

家人這才醒悟到，原來是山鹿為了報答新娘救命之恩，借著「偷孩子」引他們一家逃出。

無獨有偶，在唐山大地震中，也發生過一個類似的故事：

有個人在偶然的情況下，放過一隻狐狸。唐山地震前，一九七六年七月二十八日凌晨三時左右，那只狐狸突然來抓他的門。他起床來看，狐狸一下死死咬住他的鞋幫往外拖。他當時不解，但隨狐狸來到院外平地時，突然天崩地裂，大地震發生了……

震後多年，這個人一提到那只狐狸仍感恩不盡，他常說：「地球是個大家庭，大多數的動物與人類息息相關。動物儘管不會言語，卻也有著同樣的思維、靈性和良心。」

我們並不希求動物報恩，但是，善待動物是我們的一種責任。所以，如果有條件，我們每年都應該放一些生。

其實，有時候放生也不需要錢。比如下雨了，路上有幾條蚯蚓，或者天氣燥熱時，有些小蟲馬上要被曬死了，你把它們放到清涼、安全的地方，這也是一種放生。

對有些人來講，一個動物的生命，似乎微不足道、不值一提；但對動物自身而言，自己的生命比什麼都珍貴。

孤獨無援時，不妨試一試佛法

每個人都難免生老病死，而佛教中，正好有面對這些問題的最好祕訣。你如果用了其他方法都無濟於事，那麼試一試佛法，又有什麼損失呢？

現在不少人常說：「極樂世界和地獄肯定不存在，因為我沒有看到。」

這是一種很荒謬的推理。如果因為自己沒有見到，所以就不存在，那世間有許多你見不到的東西，難道它們都不存在了嗎？

其實，要想否定一件事，必須要有充分的理由，否則便是謬論。

「文革」期間，有一位老和尚挨批鬥，一位領導邊打他邊說：「你們佛教徒口口聲聲都說極樂世界和地獄，如果有的話，你給我指出來！」

老和尚說：「有是肯定有，但不一定要指出來。」

領導說：「你必須給我指出來！」

老和尚回答：「你們天天罵美帝國主義，那美國存不存在？如果存在，也請給我指出來。」

那個領導氣得無話可說，只有用拳頭狠狠地打他。

老和尚笑著說：「你現在應該知道了吧，沒有看見並不等於不存在，沒有看見而存在的東西多著呢！」

「因為沒有看見，所以不存在」是一種荒謬的推理。因為凡夫人肉眼的功能本來就有限，故肉眼見不到並不代表沒有。

比如空氣、電波和細菌，你既看不見，也摸不著，但能不能以此否認它的存在呢？不要說清淨剎土和阿彌陀佛，甚至在一個小小的山溝中，也有許多你未曾見過的東西，在一群人中也有你未曾見過的人，既然如此，我們又怎能以沒有見到，就否認其他事物的存在呢？

當然，一個人信不信佛教，這個一點也不必勉強。佛陀曾說過：「對於不信佛的人，如果非要給他講法，這大可不必。」然而，每個人都難免生老病死，而佛教中，正好有面對這些問題的最好祕訣。你如果用了其他方法都無濟於事，那麼試一試佛法，又有什麼損失呢？

02 笑談人間幾多苦

我們的痛苦，實際上不是來自於外境本身，而是自己內心的執著。古羅馬的哲學家愛比克泰德，也說過：「真正困擾我們的，並不是發生在我們身上的事，而是我們對這件事的想法。」

苦才是人生

縱觀整個世間，身與心的痛苦無處不在，一個人不論高貴、低賤，隨時都被這兩種苦所損惱，就像同一苦海中的淺水魚、深水魚，無時無刻不在為苦水浸泡著。

在這個世界上，人人都希求安樂，但往往求之不得。只要轉生為人，就要感受最初降生、中間患病衰老、最終死亡的痛苦。來到人間，誰又能躲得掉生老病死呢？

有些人喜歡追求財富，卻不知道腰纏萬貫的富人有謀財、守財、失財的痛苦，身無分文的窮人有無財、求財的痛苦。換句話說，大人物有大人物的痛苦，小人物也有小人物的痛苦。

這正像《中觀四百論》所說的：「勝者為意苦，劣者從身生，即由此二苦，日日壞世間。」

具足世間圓滿之人，比如現在的有些領導和老闆，在財富、地位、吃穿上已經樣樣不缺，可內心卻充滿了極大壓力。比如，為穩固自身的權勢而惶惶不安，害怕自己下臺，害怕被別人超越；為他人財富的增長而嫉妒萬分；為控制下屬與財產而殫精竭慮……

世間上的小人物，雖沒有這些內心的痛苦，卻有超強度的勞動，缺衣少食，住房、醫療條件得不到保障……由此而引起身體的疲勞、損傷、饑寒、疾病等各種痛苦。

更敦群培大師曾說：「高官心裡有大苦，小民身上有小苦。」確實，作為凡夫俗子，不被痛苦折磨的一個也沒有。

生活中，我們身上還經常發生這樣的事：想見的親友見不到，怨恨的敵人卻總是狹路相逢；想聽的喜訊聽不到，不願意聽的噩耗卻時時傳來；非常希望身體健健康康的，可往往是病魔纏身，沒有自由快樂之時……總之，做什麼、想什麼，結果往往事與願違。

縱觀整個世間，身與心的痛苦無處不在，一個人不論高貴、低賤，恆時都被這兩種苦所損惱，就像同一苦海中的淺水魚、深水魚，無時無刻不在為苦水浸泡著。

快樂並不可靠

世間上處處都是苦，一個人正當快快樂樂時，也許忽然就財富盡失、病魔纏身，痛苦紛至沓來，想都想不到。

想一想你現在擁有的快樂吧！是不是覺得它變化多端，總不是自己想像的那麼滿足和長久，甚至轉眼就會變成痛苦？

比如，正當你吃飽喝足、心情愉快之時，沒想到一下食物中毒，腹瀉不止、痛苦不堪。本來身體好好的，突然就查出高血壓、糖尿病，甚至惡性腫瘤。

世間上的快樂並不可靠，瞬間就會變成痛苦，這即是「變苦」，也稱為「壞苦」。

《金色童子因緣經》中講過一個故事：

妙耳商主財富蓋世、舉世無雙，但他兒子降生後，家中出現諸多不吉祥，並且房子突然起火，一切財物焚盡無餘。本來這一家無憂無慮，快樂如天人，但一瞬間的變化，就讓他們淪為乞丐，過著極其淒慘的生活……

變苦的例子，在現實中也比比皆是。前段時間，我遇到一個婦女，本來她家裡衣食無憂，不料幾年前房子起火，所有財物付之一炬，不久丈夫也被關進了監獄。她一貧如洗，多年來只有帶著孩子四處流浪。現在孩子沒辦法讀書，問我能不能讓他進智悲學校，後來我就答應了。

還有一些富人、官員，曾經風光無限，一手遮天，最後卻因種種原因什麼都失去了，甚至以非常悲慘的方式離開了人間。

前幾年，一場全球金融危機突然爆發，東西方許多富人紛紛陷入絕境。例如，德國第五大富豪默克爾，曾以九十二億多美元的身家，在二〇〇八年《富比世》全球富豪榜上排名第九十四位，但由於這場金融風暴，導致他的商業帝國一落千丈。最後，默克爾撲向一輛疾駛而來的火車，臥軌自殺。還有，一度擁有五億歐元身家的愛爾蘭地產大亨羅卡，也因無法接受投資失敗，致使愛爾蘭第三大銀行倒閉，而於豪宅內開槍自殺身亡。這樣的現象不可勝數。

生命中的快樂極其短暫，即便是暫時擁有的財富、地位、名譽，也沒有一絲一毫恆常、穩固。就像《般若波羅蜜多心經幽贊》中所說：「世間的一切快樂，最終必歸於壞盡。」也如有些道歌中所言：「安樂如毛髮般細微、脆弱，什麼時候斷掉，誰也無法確定。」

當然，如果你沒有學過佛，一遇到變故，就會覺得天昏地暗、萬念俱灰，覺得老天對自己不公，成天活在抱怨之中。

而稍有佛法修行境界的人，則絕不會如此，對於任何挫折、變化，都能理解並坦然接受。

禍不單行很正常

一個人在眾多業力的激發下，種種痛苦層出不窮，從苦中又產生苦，或者苦上又加苦，這就是「苦苦」，也是世人常說的「禍不單行」。

有些人在別人看來很倒楣，前面的痛苦還未煙消雲散，後面的打擊又接踵而來，可謂一波未平，一波又起。

《賢愚經》中的微妙比丘尼，在家時痛苦就屢屢發生在她身上，各種經歷更是不可思議：一次，她因有孕在身，要和丈夫、兒子回娘家生產。途中在一大樹下過夜，半夜時她突然臨盆，結果引來毒蛇，咬死了她的丈夫。第二天，她發現後悲痛欲絕，無奈之下，只好肩上擔著大兒子，懷裡抱著小兒子涕泣著上路。不料大兒子被河水沖走，小兒子又被狼吃掉，最後遇到一婆羅門還告訴她：「你父母的房子近日起火，一家人全被燒死了！」……

對我們而言，雖不一定像她那樣有如此多的悲慘遭遇，但平時還是能感受到不少。比如，有人剛剛失業，又生一場大病臥床不起；孩子不幸去世，沒兩年妻子又查出癌症晚期；今天工作不順，別人又說自己壞話，同時還丟了最寶貴的東西……

一個人在眾多業力的激發下，種種痛苦層出不窮，從苦中又產生苦，或者苦上又加苦，這就是「苦苦」，也是世人常說的「禍不單行」。對此，隋朝慧遠大師在《維摩義記》中形象地解釋為：「從苦生苦，故名苦苦。」

不過，佛陀認為，世間之苦本就如此。無論我們生於什麼地方，都會一個痛苦接著一個痛苦，這個痛苦還沒消失，那個痛苦又出現了，連一剎那安安穩穩、快快樂樂的機會也沒有。了知這一點，我們就會心裡有數，面對起來也比較容易。

有錢有地位，苦就會少嗎

行苦是很難體會到的，就像人生了瘡沒有去碰它一樣，雖然暫時沒什麼感覺，但只要這個東西在，腫痛、潰爛的危險就在，痛苦就可能隨之而來。

有些當下過得較安樂的人，表面上好像沒有受什麼苦，但實際上，仍沒有擺脫痛苦的本性，這即是「行苦」。

按佛教的觀點，「行苦」是指變化，也就是說，只要是變動遷流的事物，即是一種痛苦。通常而言，行苦是很難體會到的。宗喀巴大師在《菩提道次第廣論》中用過一個比喻：「就像人生了瘡沒有去碰它一樣，雖然暫時沒什麼感覺，但只要這個東西在，腫痛、潰爛的危險就在，痛苦就可能隨之而來。」

常聽有人反駁：「誰說輪迴痛苦啊？我現在就過得很快樂，你看，我有錢、有地位，一點痛苦都沒有！」但這種快樂，你敢保證永遠能如此嗎？你從小到大都是這樣嗎？

如今有些人一聽「輪迴皆苦」，就無法接受。尤其是一些成功人士，總覺得以前吃的苦太多了，現在的一切很風光、很快樂，不需要再去觀修什麼痛苦。卻不知你現在的一切所為，都會成為未來痛苦之因，只不過眼前還沒有感受到罷了。而一旦用微妙的智慧來觀察，眼下的一切皆不離行苦的本性。

「人有財發瘋，牛有草發瘋」

「生死疲勞，從貪欲起，少欲無為，身心自在。」

「富而不知足，是亦為貧苦；雖貧而知足，是則第一富。」

藏地有這樣的說法：「人有財發瘋，牛有草發瘋。」這句話非常有道理。許多人在缺吃少穿的時候，好像也沒有特別大的貪欲，可一旦有了錢後，貪欲反而被激發出來，瘋狂地追逐財富；牛也是如此，放過牛的人都有經驗，在沒有草的地方，這些牛還比較聽話，而一到了草多的地方，它們就一邊吃一邊跑，根本不聽主人招呼。這個比喻很符合現在某些人的狀況。

如今有些人的欲望永無止境，明明享有財富與盛名，卻依然向更高的目標攀登，內心沒有滿足之時。

就像一則寓言中所說：

有一隻狗意外獲得了一根骨頭。在過河的時候，它發現水中也有一隻狗叼著一根骨頭，就撲了下去，想要得到另一根骨頭。結果，它的下場可想而知——不但得不到水中的骨頭，就連自己原本有的那一根，也在慌亂中弄丟了。

古人說：「貪則近貧。」如果貪心過大，定會招致貧窮。從字形上看，「貪」與「貧」也很接近。所以，真正有智慧的人，會儘量克制內心的欲望，不奢求不屬於自己的東西，過一種知足少欲的生活。

有了這種滿足感，縱然住在小小的屋子裡，內心也會歡喜無比。否則，就算住五星級賓館，吃山珍海味，家有萬貫黃金，內心還是會悶悶不樂。我個人而言，住的木屋只有十平方公尺，雖然擴建成三四層的高樓也沒問題，但我覺得這樣的小屋很舒服，除了廁所以外，辦公室、臥室、書房、廚房都是它，這種感覺非常好。

孔子曾說：「吃粗淡的飯，喝白開水，以手臂作枕頭，雖然生活簡樸，但只要有道義，快樂就在其中。」我非常佩服這種精神。現在有不少人，經濟條件不錯，但精神上特別空虛，只求吃得好、穿得好，喪失道德人格也無所謂。而古人並非如此，吃飯不一定要高級，穿衣不一定是名牌，只要善良的品行不失毀，活在世間就有意義。

《佛所行讚》中有一句話，就說得特別好：「富而不知足，是亦為貧苦；雖貧而知足，是則第一富。」腰纏萬貫的人倘若不知足，天天貪得無厭，這即是在感受貧窮之苦；身無分文的窮人，如果有了滿足感，那就是世界上的第一富翁。

不過分追求金錢，財富才可能不期而至

佛教認為，每個人的錢財，真的是夠用就好。如果想賺錢的欲望太大了，只會給自己帶來層出不窮的煩惱。其實，只有當你不過分追求金錢時，財富才可能不期而至，並且帶來內心的自在與安樂。

什麼樣的人最快樂？是富可敵國者，傾國傾城者，權傾一時者，還是名震天下者呢？都不是。佛陀告訴我們，知足之人才是天底下最快樂的。

《法句譬喻經》中有這樣一個故事：

從前，有位婆羅門國王叫多味寫，平日信奉九十六種外道。一天，他突發善心，想作大布施，於是將金銀財寶堆積如山，宣布任何人都可以從中取一撮。

佛陀觀察度化國王的因緣成熟了，於是化為一個婆羅門來到他面前。

國王問：「你需要什麼？」婆羅門說：「我想要房子。」國王給了他一撮珍寶。但婆羅門才走了七步，就返回來將珍寶放還。

國王問他為何不要，婆羅門答：「這些珍寶雖然可以蓋房子，但還不夠娶妻，所以我乾脆不要了。」國王說：「我再給你三撮。」婆羅門又拿了三撮珍寶，但走了七步後又返回來。

國王不解，他說：「光有房有妻還不夠，我還想有田地、僕人、牛馬，這些珍寶還是不夠。」國王說：「再給你七撮。」

婆羅門走七步後又回來了，他說：「我以後還有子孫，養活他們的錢遠遠不夠。」最後，國王把所有的珍寶都送給婆羅門，但他接受後又退還了。

國王很生氣，問他又為何？婆羅門說：「人一輩子需要的東西太多了，有再多的錢也不夠用，而生命非常短，我還不如放下一切，去追求無為之道。所以，我不要珍寶了。」

國王愈想愈覺得他的話很有道理。這時，佛陀現出本來的身相，對國王說了一偈：「雖得積珍寶，崇高至於天，如是滿世間，不如見道跡。」

見到佛的相好莊嚴，又聽聞此偈頌，國王當下歡喜無比，便從佛處受了五戒。後來證得了聖果。

佛教認為，每個人的錢財，真的是夠用就好。如果想賺錢的欲望太大了，只會給自己帶來層出不窮的煩惱。其實，只有當你不過分追求金錢時，財富才可能不期而至，並且帶來內心的自在與安樂。

你是那個總叫著「我要、我要」的人嗎

總是叫著「我要、我要」的人，往往什麼都得不到，最後一貧如洗；總是慷慨布施的人，有「捨」才有「得」，財富會自然而然湧現。

現在有些人，擁有一點財產便死抓不放，捨不得用在對今生來世有意義的事上，從來都不願意布施，還經常跟別人哭窮，說些可憐兮兮的話：「我實在沒有錢，太窮了！」這樣的人，很容易得到餓鬼的果報。

從前有一則寓言：

兩個小鬼要到人間投胎，閻羅王對他們說：「讓你們去做人的話，一個要一生布施東西給別人，一個要一生從別人那裡獲得東西，你們願意做什麼樣的人？」

小鬼甲一聽，趕緊跪下來說：「閻王老爺，我要做一生從別人那裡獲得東西的人。」小鬼乙則默默無言，靜靜聽候閻羅王的安排。

閻羅王把撫尺一拍，判道：「令小鬼甲投胎到人間做乞丐，可以處處向人乞討東西；小鬼乙投胎富裕人家，時常布施周濟別人。」

這則寓言，實際上反映了「捨」與「得」的微妙關係：總是叫著「我要、我要」的人，往往什麼都得不到，最後一貧如洗；總是慷慨佈施的人，有「捨」才有「得」，財富會自然而然湧現。

然而，不懂這個道理的人，由於從不捨得，縱然生前腰纏萬貫、富可敵國，死後也會非常可憐。

《增一阿含經》裡講：一個大富翁叫婆提，他特別特別有錢，但因為沒有子嗣繼承，死後財產都被充公了。

為此，波斯匿王專門風塵僕僕地去拜見佛陀。佛陀問他發生了什麼事，為何一大早就趕過來？國王說：「我去沒收婆提家財產時，發現不說其他的，單是純金就有八萬斤。但他生前吃的是粗陋飲食，穿的是汙垢衣服，乘的是瘦弱老馬，這是怎麼回事呢？」

佛陀告訴他：「這是因為婆提在世時，心被吝嗇所控制，不知布施的緣故。」

波斯匿王就問：「那他命終後會轉生何處？」

佛陀回答：「他善根已斷，現生於涕哭大地獄。」

波斯匿王又問：「難道他沒有一點善根嗎？」

佛陀說：「沒有。他這一世用盡了往昔的所有善根，卻又未造新的，所以現在無有絲毫，只有在地獄中受苦。」

如今也有些人，因為前世的福報，暫時擁有一點錢財和快樂，但今生若沒有繼續積累福德，後世也會像婆提一樣，善根用盡後只有墮落。就像我們手機裡的電，今天用的是以前充的，一直用用用，到最後電全都沒有了，再不充的話，明天就沒辦法打了。

所以，為了安樂恆久遠，我們務必要抓緊積累福德，否則，違緣到來時，一點資糧都沒有的話，佛陀也沒辦法救護你。

布施不是非錢不可

捨得捨得，有捨才有得；捨不得捨不得，不捨則不得。

或許有人認為：「如果說有『捨』才有『得』，那我前世可能沒有積福，今生一點錢都沒有，怎麼去作布施呢？」

其實，只要你用身口意去善待別人，沒有錢也照樣可以布施。

《雜寶藏經》中講了，有七種布施不花錢就能獲大果報：

一、眼施：以和善的目光看別人；

二、和顏悅色施：以和藹悅意的表情對待別人；

三、言辭施：對別人宣說柔和的語言；

四、身施：起立、迎送、禮拜父母師長，並且以自己的實際行動幫助別人；

五、心施：以善良、恭敬之心對待別人；

六、床座施：為父母師長鋪設座位，或者將自己的座位讓給他人；

七、房舍施：將自己的房子提供給別人住。

可見，沒錢並不影響布施，這些任何人都能做到。只要有心，就有機會。

天高不算高，心貪第一高

貪心熾盛的人，就算擁有得再多，也始終有種貧窮感，不會有真正的快樂。對這種人來說，倘若不能調伏自心，想完全依賴物質來滿足自己，簡直難如登天。

一個人貪心不足時，不但得不到想要的東西，即便是已經擁有的，也很容易失去。

從前，有一個婦人叫王婆，她以釀酒為生。有個道士常到她家喝酒，喝了上百壺酒也沒給錢，王婆也沒跟道士要。

一天，道士說：「我喝了你那麼多酒，一直也沒給錢，就給你挖一口井作補償吧。」說完，院子裡就出現了一口井，井中打上來的都是美酒。從此，王婆不用釀酒，只要舀酒賣就行了。

過了一段時間，道士又來了，他問王婆酒好不好。王婆抱怨說：「酒是很好，可惜餵豬的酒糟卻沒了。」

道士聽後大笑，在牆上題了一首詩：「天高不算高，人心第一高，井水做酒賣，還道無酒糟。」

寫完後，這口井再也不出酒了。

可見，貪心熾盛的人，就算擁有得再多，也始終有種貧窮感，不會有真正的快樂。對這種人來說，倘若不能調伏自心，想完全依賴物質來滿足自己，簡直難如登天。

有些人不僅生前十分貪執，甚至臨死時都還放不下。

像《儒林外史》裡的嚴監生，臨終時總斷不了氣，一直伸著兩個手指。

大侄子問是不是還有兩個親人沒見面，他搖搖頭。

二侄子問是不是有兩筆銀子沒吩咐明白，他仍是搖頭。

最後他的小妾說：「老爺，你的心事我知道。燈裡點了兩根燈草，你怕費了油，我挑掉一根就是了。」說完去做了。

嚴監生這才點點頭，垂下手，咽了氣。

嚴監生就要死了，還放不下一點點燈油。如今，這樣為了財富而死不瞑目的人，也非常多。臨終的時候，有人放不下存款，有人放不下房子，有人放不下車子……

其實，財富雖然暫時能給你帶來一些快樂，卻不能從根本上解決痛苦。有些人生活非常簡樸，不管是穿的衣服、吃的食物，全都極其簡單，這些給他帶來的是什麼？是超離物欲的一種自在、灑脫。所以，內心的滿足、智慧，遠遠超過了外在的一切財富。

佛教為什麼又叫「內明」學？就是因為它屬於內在的智慧，而不是只研究外在的東西、只能解決部分問題。佛教可以解除所有煩惱，這樣一來，內心有了證悟，世界才會變得格外精彩。

獲取財富，不要盲目跟風

許多人忙了一輩子，到頭來卻一事無成，甚至苦不堪言。原因就是他們從來沒思考過人生什麼最重要？他們不明白一些自以為重要的東西，是不是真的有價值？

人們追求一些自以為重要的東西，有時候是很盲目的。

就像《咕咚來了》的寓言中所說：

一天早晨，三隻兔子在湖邊歡快地撲蝴蝶。忽然從湖中傳來「咕咚」的聲音，它們嚇了一跳。還沒明白是怎麼一回事，又聽到「咕咚」一聲，兔子嚇壞了，轉身就跑。

途中遇到了狐狸，聽兔子說「咕咚」來了，狐狸毛髮聳然，也加入了兔子的逃跑隊伍。途中，它們依次驚動了熊、猴子、河馬、老虎、大象，最後，差不多所有的動物都開始奔命。

這場轟轟烈烈的大逃亡驚動了青蛙，它問：「到底發生了什麼事？」大家七嘴八舌地說：「咕咚來了，它太可怕了，有三個腦袋、八條腿……」

青蛙問：「誰看到咕咚了？」大象指河馬，河馬推猴子，最後一直推到兔子那裡，結果誰也沒有親眼看到咕咚。

大家決定回去看個明白。它們悄悄回到湖邊，又聽到「咕咚」一聲，睜大雙眼一看：原來是樹上的一個木瓜掉在湖裡。

所有動物不禁啞然失笑。

在非洲大草原上，也常會出現這樣一幕：當一隻野獸在前面奔跑時，成百上千的野獸會毫無理由地跟著狂奔。如今，比較諷刺的是：許多人自詡為智商比動物高，但在看到別人貪執於財物時，自己也開始沒頭沒腦地貪執。

其實，我們應當捫心想一想：「我一定要這樣做嗎？別人買一棟豪宅，是不是我也要買？別人買一輛好車，是不是我也想有？……」

通過冷靜的思考，有智慧的人會明白：如果自己的欲望超出了經濟承受能力，很可能會以造惡業或損害身體的方式來聚斂錢財，並在此過程中感召種種難言的痛苦，這樣自討苦吃有什麼必要呢？

生活的輕鬆快樂，要從充實內心做起，而不是盲目地攀比、追求。否則，欲望是無有止境的，不管你是否達到了目標，內心都不會感到真正滿足。

「得便宜處失便宜，貪什麼」

一個貪財的世間人，即使擁有一時的風光，下場也不會盡如人意；一個貪財的修行人，整天心心念念想著怎麼弄到錢，修行也必定一無所成。

當今時代，人們的欲望極度膨脹，物質上雖已相當富足，但為了心中那個天文數字，仍殫精竭慮地追求財富。他們有十萬想二十萬，有一百萬想一千萬……

有一次，我去了藏地一個地方，有人問我：「我們這裡有些人年年修房子，什麼時候才修得完啊？」

我說：「如果人的貪心沒有止息，房子是永遠修不完的。今年有條件會修二層樓，明年條件更好會修三層樓……貪心一年比一年大，房子也會一年比一年高。」

對貪心大的人來講，縱然一人獨占世上的所有財富，也仍然不會感到滿足。

打開電視、翻開報紙，現在到處是經濟犯罪的新聞：貪污受賄、挪用公款……許多罪犯在供詞中都說：「本來我也知道這是犯法，可是在金錢的巨大誘惑下，不得不鋌而走險——」

佛經中有這樣一個故事：

秋收時節，有個人挑著一擔豌豆行路，途中他將擔子放在一棵樹下，然後就去方便了。

這時，一隻猴子從樹上下來，偷偷抓了一把豌豆。在返回樹上的時候，一顆豌豆落到了地上，猴子放下手中的一把豌豆，趕忙下來撿。

恰巧那人回來了，拋出一塊大石頭擊中了猴子，猴子不幸當場喪命。

路人見此情景，不禁感慨：「捨棄一把豆，而尋一粒豆，歷經百般苦，此猴真愚癡。」

所以，《大莊嚴論經》中說：「知足第一富。」知足少欲才是最大的富翁，這種遠離貪欲、自由自在的快樂，就連天王也很難享受到。然而，令人惋惜的是，許多人往往不懂這一點！

其實，你並不窮

我們不要整天抱怨得不到什麼，而應當珍惜現在已擁有的。當你身體健康，可以自由地呼吸空氣時；當你衣食無憂，用不著忍饑挨餓時；當你早上睜開眼睛，可以看到太陽的燦爛笑容時……你有沒有想過，你的幸福，已經超過這世上很多人了？

有一個年輕人，老是埋怨自己時運不濟，發不了財，終日愁眉不展。

一天，走過來一位鬚髮皆白的老人問他：「年輕人，你為什麼不快樂？」

「我不明白，為什麼我總是這麼窮！」

「窮？你很富有嘛。」老人由衷地說。

年輕人不解：「這從何說起？」

老人反問道：「假如現在斬掉你一個手指頭，給你一千元，你幹不幹？」

「不幹。」年輕人斬釘截鐵地回答。

「假如砍掉你一隻手，給你一萬元，你幹不幹？」

「不幹。」

「假如讓你雙眼都瞎掉，給你十萬元，你幹不幹？」

「不幹。」

「假如讓你馬上變成八十歲的老人，給你一百萬，你幹不幹？」

「不幹。」

「假如讓你馬上死掉，給你一千萬，你幹不幹？」

「不幹。」

「這就對了，你已經擁有超過一千萬的財富，為什麼還哀怨自己貧窮呢？」老人笑吟吟地問。

青年愕然無言，突然什麼都明白了。

我們不要整天抱怨得不到什麼，而應當珍惜現在已擁有的。當你身體健康，可以自由地呼吸空氣時；當你衣食無憂，用不著忍饑挨餓時；當你早上睜開眼睛，可以看到太陽的燦爛笑容時……你有沒有想過，你的幸福，已經超過這世上很多人了？

美國著名盲人女作家海倫・凱勒，曾在自傳中說：假如給她三天光明，讓她親眼看看這個世界，她就是最幸福的人。

南非前總統曼德拉，因反抗種族歧視入獄二十七年。他後來說，坐牢時每天曬半小時太陽，便是自己最幸福的事了。

所以，仔細想一想，幸福也並非那麼遙不可及，現在你就有好多這樣的機會。可是，你珍惜過嗎？

苦與樂的真諦

「生火燒柴以後，不用特意去求，灰燼也會自然產生。同樣，一個人若有強烈的利他心，不用刻意去爭取，自己的利益也能無勤成辦。」

要想除掉曠野中的雜草，最好的辦法，就是在上面種莊稼。同樣，要想遣除我們內心的苦惱，唯一的方法，就是用利他的美德去占據它。

大乘經論中再三告誡我們：一切痛苦的來源，就是為自己；一切快樂的來源，就是為眾生。

據說從前一個人去上帝那裡，和上帝討論天堂和地獄的問題。

上帝對那個人說：「好吧，我讓你看看什麼是地獄。」他們走進一個房間，那裡有一大群人，圍著一大鍋肉湯，但每個人都饑餓而絕望，原來他們拿著一個比手臂還長的湯勺，沒辦法把湯送到嘴裡。

上帝又對那個人說：「來吧，再讓你看看什麼是天堂。」他們走進另一個房間。那裡的一切，和前面房間的一模一樣，還是一群人、一鍋湯、一樣的長柄湯勺，但唯一不同的是：大家都在高興地唱歌跳舞，特別開心。

那個人問：「我不懂，為什麼同樣的環境，他們快樂，而那個房間的人痛苦？」

上帝回答：「這很簡單。因為在這裡，大家都在餵別人，而在那裡，他們只餵自己。」

所以，只有為別人，才能真正為自己。法王如意寶也經常強調：「生火燒柴以後，不用特意去求，灰燼也會自然產生。同樣，一個人若有強烈的利他心，不用刻意去爭取，自己的利益也能無勤成辦。」

試想，假如你認為幸福是建立在發財、升官、感情等基礎上，那麼這些一旦出現問題，你的人生就會像垮了地基的牆壁一樣陷入崩潰。而你若時時抱著利他之心，那生活中無論出現任何得失榮辱，都會雲淡風輕、一笑了之，最終無論做什麼，也很容易心想事成。

所以，人活著到底是為了什麼？務必要有個正確定位。

03 把無常變成人生的正能量

佛教常說的「苦」，不是指痛苦，而是指一切都在變化，一切都存在不確定性。這是非常細微的，以至於人們常忽略它的存在，直到哪一天疼痛了、沒錢了、失戀了，才開始叫苦連天，但這時候已經來不及了。

無論自己身上發生什麼，都不必覺得很倒楣

如今很多人不安於現狀，拼命追求地位、名聲。但就算你擁有了這一切，內心也仍然不會知足，這種無厭的追求終將毀了自己。正如有些教言中所說：「欲望毀希望。」

在這個世間上，有些人地位高不可及，像聯合國秘書長、各國首腦，可謂萬人之上、權傾一時，可是他們死時跟一般人沒有兩樣。

不說死的時候，即使他下臺之後，也跟普通人沒什麼差別。比如，美國第一任總統華盛頓引退後，回老家經營農莊；雷根卸任後，也當了農夫……這樣的結局，令人感慨萬千。他們在位時呼風喚雨、無所不能，最後也變成這樣，實在是太無常了。

還有中國的秦始皇、成吉思汗，也曾叱吒風雲、不可一世。就拿秦始皇來說，他結束了戰國割據的局面，真正做到了一統天下。他不僅是中國第一個皇帝，認為自己的功績比三皇五帝都要大，還規定：接替他皇位的子孫，應按照次序排列，第二代叫二世皇帝，第三代叫三世皇帝……這樣一代一代，要傳到千秋萬世。結果才到了第二世，秦朝就滅亡了。

除了歷史上演繹的無常以外，我們身邊無常的現象，也可謂屢見不鮮。去年為他人判刑的法官、高官，今年就可能因貪污腐敗，鋃鐺入獄而成為階下囚：

如上海原市委書記陳良宇，二〇〇八年四月因受賄、濫用職權等罪，被判處十八年有期徒刑。此外，廣西壯族自治區主席成克傑、成都宣傳部部長高勇等人，從剛開始的一手遮天、風光無限，到最後的東窗事發、一敗塗地，他們身上都在詮釋著無常。

以上這些事例足以說明：權勢、名聲、財富、受用，不可能恆常擁有，它猶如夏天的露珠、秋天的白雲一樣，很快就會消失。不懂無常的人，為了這些，先是不擇手段去追求，得到之後，又絞盡腦汁地保護，可是不管怎麼努力，這些終究會離開自己。

既然一切皆為無常，那麼，無論自己身上發生什麼，都不必覺得很倒楣、很痛苦。同時，在別人身上發生時，也應該能理解。

懂得無常，才不為感情所傷

現在你對感情的執著，相當於孩童時代對玩具的執著一樣，小時候玩具一旦被別人搶了，自己就哭得天崩地裂，可是當你長大之後，回想當年的幼稚無知，就會覺得特別可笑。

如今二三十歲的人，學習一下無常觀非常好。因為在這個年齡段，很多人最執著的就是感情，假如感情上出現了變故，自己就會痛不欲生。但若明白了無常之理，即使沒得到或者失去了最心愛的人，心裡也會有所準備，知道一切皆為「無常」，可用這兩個字來控制自己。

在我們藏地，很多年輕人因為有信仰，懂得佛教的無常觀，在面對失戀時，一般不覺得這種痛苦特別大。而漢地的人好像不是如此，他們一直陷於感情的迷惘中，無力自拔，非常可憐。

其實，愛一個人，往往是建立在占有的基礎上。一旦他對你不好，或者他變心了，自己無法再擁有他了，這時候會特別痛苦。假如你對他的愛沒有條件，只要他好，你就幸福，那彼此之間的關係再怎麼樣，你也不可能受到刺激或創傷。所以，愛情到底是愛自己，還是愛對方？這個需要好好觀察一下。

愛情雖說是年輕人很難過的關，但你再過十年、二十年回顧人生，可能就會一笑置之。現在你對感情的執著，相當於孩童時代對玩具的執著一樣，小時候玩具一旦被別人搶了，自己就哭得天崩地裂，可是當你長大之後，回想當年的幼稚無知，就會覺得特別可笑。

尤其是若能懂得無常，知道我們眼前的東西，實際上剎那剎那都在變化，那在你未來的生涯中，一旦感情出現不順了，遇到突如其來的意外了，也用不著想跳樓自殺、吃安眠藥。這時候你會明白：不僅僅是自己的愛人，所有人的心都是無常的，身體也是無常的，萬事萬物都是無常的，變化也在情理之中。

我就曾遇到過一個人，她聽說老公有外遇，專門從漢地飛到香港，躲在七十多公里以外的地方，準備抓她的老公。她心裡特別特別痛苦，說老公以前很疼她，現在卻變成了這樣，問我應該怎麼辦。

我只能告訴她：「萬法都是無常的，他過去對你好，現在對你不好，這就是無常。而你，以前可能貪執他，但過一段時間後徹底失望了，不但不再愛他，甚至還想殺了他，這也是一種無常。所以，有了無常的話，什麼不可能的都會成為可能，你也用不著太執著！」

一個人若能了悟萬法無常，對感情的執著就不會過火，不管出現任何變化，都不會受到深深的困擾。

珍惜感情，絕不貪執

有些人對感情的貪執特別可怕，得不到夢寐以求的愛情、朝思暮想的戀人，就萬分痛苦、生不如死。

這個原因是什麼呢？就是沒有觀修過無常。

從前，有個國王叫嘎那日巴，他和王妃的感情特別好，多年來二人兩情繾綣，難捨難分。

一日，國王突發奇想，想考驗王妃對自己的感情有多深，就讓僕人謊稱國王被老虎吃掉了，自己躲在王宮的花園裡，觀察王妃的反應。王妃聽到這個消息後，五臟俱焚、傷心過度，當下就氣絕身亡了。

國王見此，肝腸寸斷、悔不當初，把王妃的屍體背到屍陀林，終日守護在旁邊，寸步不離，一邊痛哭一邊深情呼喚王妃的名字——瓦邦嘎娜。

屍體慢慢腐爛成了白骨，白骨又漸漸地風化，但他始終沒有離開。就這樣，他在屍陀林裡過了八年左右。

後來有位上師想救度他，就拿一個瓦罐去了屍陀林，到他附近故意兩手一鬆，瓦罐掉在地上，摔成了一堆碎片。上師裝作傷心欲絕的樣子，一邊哭喊，一邊叫著「瓦罐」的名字。

國王見後忍無可忍，暫時停止了對王妃的思念和呼喚，過去勸他：「你這個人真的很笨！瓦罐破了，值得這麼傷心嗎？難道它會永遠不碎？你再找一個瓦罐不就完了。」

上師反過來說：「你這個人比我更笨！我的瓦罐碎了，至少還有碎片，你的王妃現在連微塵也不見了，你還在這裡痛苦不堪。」

國王如夢初醒，頓然明白一切都是無常的，進而對上師生起信心，請求他攝受自己。後在上師的調化下，他完全證悟了心的本性，成為了不起的大成就者。

我經常跟大家開玩笑：「你們以後若見有人離婚了、失戀了，也應拿個罐子在他面前摔碎，然後假裝失聲痛哭——這是一個竅訣啊，可能會起點作用。」

如今由於教育和媒體的引導，許多人對感情極為執著，因情而痛苦的比比皆是。其實，你若能瞭解一些佛教道理，比如萬法皆為無常，緣合則聚、緣滅則散，就會明白「情」也不過如此。

癡情不是奇跡

舉世聞名的印度泰姬陵，號稱「世界七大奇跡之一」，從它的故事中也可以發現萬法無常之理。

泰姬陵，是印度國王沙・賈汗為愛妃芭奴所建。

據說芭奴是一位絕世美女，她二十一歲時就嫁給了三王子庫拉姆，即後來的沙・賈汗。婚後二人同甘共苦，形影相隨，足跡遍布疆場。之後，庫拉姆經過一場血戰，繼承了王位，他給自己取名為沙・賈汗，意為「世界之王」。

但是好景不長，芭奴在跟隨沙・賈汗南征時，因難產而死，當時年僅三十九歲。在她臨死前，沙・賈汗緊擁著奄奄一息的愛妃，問她還有什麼心願。芭奴告訴他，只希望能擁有一座舉世無雙的陵墓……

芭奴之死，令沙・賈汗悲痛欲絕。為了表達相思之情，他傾舉國之力，耗費無數錢財，下令二萬餘名工匠參與建造，歷時二十二年才完成了這座潔白晶瑩的泰姬陵。

此陵竣工之後，沙・賈汗殘忍地下令砍掉所有工匠的拇指，因為他仍記得愛妃的遺願——擁有一座「舉世無雙」的陵墓，他不希望看到另一座可與泰姬陵媲美的建築出現在這個世界上。

沙・賈汗本想在河對面再為自己造一座一模一樣的黑色陵墓，中間用半邊白色、半邊黑色的大理石橋連接，與愛妃相對而眠。誰知泰姬陵剛完工不久，他兒子就弒兄殺弟篡位，他也被囚禁在離泰姬陵不遠的阿格拉堡。

此後整整八年時間裡，他每天只能透過小窗，淒然地遙望著遠處河中的泰姬陵倒影。臨終前，他視力惡化，僅能藉著一顆寶石的折射來癡心地凝望著泰姬陵。

即使最初再不可一世，到最後也會鬱鬱而終，可見，這世上沒什麼是常有的。

感情執著，必來自於前世怨仇

今生今世，親怨也是無常的。今天不共戴天的仇人，明天或許會變成志同道合的親友，情投意合非比尋常，這種現象也不在少數。

我們前世最有緣的人，今生可能特別討厭；今生中依依不捨的，卻往往是前世的仇敵來討債。所以，依照佛理來觀察，若對一個人感情上特別耽著，說明這個人可能曾是你的怨敵。

常有年輕人問我：「我跟誰誰的感情特別特別好，我不能沒有他，天天都想著他。您說，我們前世是不是夫妻？」

我總回答：「你們前世應該是怨敵。」

這不是沒有依據的。你今生中沒他就活不下去，沒他就要跳樓自殺，這種感情執著，必來自於前世怨仇的債。

漢地的《華嚴五祖紀》中記載：

唐代杜順和尚，有一次到外面化緣，有個施主抱著兒子，求和尚給他消災延壽。

和尚定睛對孩子看了許久，說：「這孩子本是你的冤家，現在應該給他懺悔。」吃完飯以後，和尚叫施主把小孩抱到河邊，將其拋入水中。這時，施主夫婦捶胸頓足，號啕大哭。

和尚說：「你們的兒子還在。」說完用手一指，結果小孩化為六尺丈夫身，立在水波之上，怒目斥責施主說：「你前生拿了我的金帛，還殺了我推入水中。若不是菩薩與我解怨，我決不饒你！」說完就消失了。

且不說前世，即便是今生今世，親怨也是無常的。今天不共戴天的仇人，明天或許會變成志同道合的親友，情投意合非比尋常，這種現象也不在少數。

世間人的感情變化，其實並不需要多大的事情。他們建立感情也容易，給一點點財富，說幾句好話，或者露一絲微笑，兩人就能成為無話不說的密友；感情破裂也容易，本來是難捨難分的親友，只因中間出點誤會，比如一方遇到困難時，另一方沒來看望，或者一個人說話時用詞稍有不當，對方就非常生氣，從此再也不理他了。

可見，無論親友還是怨敵，都是無常變遷的。這是事實，很多人從自己身上也能感受得到。既然如此，我們就不應貪愛自方、憎恨他方，而應懷著慈悲的心腸，平等愛護所有的眾生。

珍惜現在，比妄想未來更重要

有親人圍繞、好友歡聚的日子，對很多人來說，是非常溫馨美好的。但這一切也會示現無常，聚際必散是亙古不變的規律。所以我們應當珍惜眼前的緣分，不要等到失去了才發現它的寶貴。

前兩天，我去了小時候住的地方——一個牧民的冬場。

沒讀小學之前，我們家冬天都住在那裡。後來我讀了小學、中學、師範以及出家，這麼多年來，一直沒有去過。那天我跟弟弟幾個人去了一下，到那裡以後，三十多年前的景象漸漸浮現在眼前，變得愈發清晰。小時候的這個地方，大的變化倒沒有，但附近的一些鄰居，跟以前完全不同了。我看到幾塊刻著觀音心咒的石頭，是自己沒讀小學之前刻的，字跡依然很清晰，就順便帶了幾塊回來。

去了一趟三十多年前待過的地方，確實又體會了一把無常。再過一百年，我們應該都不在人世了，這個沒什麼好懷疑的。歌德曾說：「任何人無論是誰，其幸福總有盡頭，末日也必將來臨。」他雖然不學佛，也沒以大乘竅訣觀過無常，可是他深深明白，任何幸福都不可能長久。

生命如風中之油燈，隨時面臨熄滅的危險。米蘭・昆德拉說過：「生活是一棵長滿可能性的樹。」誰也難以斷定，下一步可能面臨什麼。既然如此，我們就應當珍惜眼前的因緣。

唐朝有一位杜順和尚，白天上山耕地，晚間回寺誦《華嚴經》，天天都是如此。他手下有一弟子，跟他學法十多年了，剛開始信心很大，但久了以後，見師父白天種地、晚上念《華嚴經》，覺得這很平常，沒有什麼可學的，不如到五台山朝拜文殊菩薩，求開智慧。

他向師父請求，師父說：「不必去了，在這裡修行，跟去五台山拜文殊一樣。」

他不明白師父的意思，一再求道：「師父，我已發願朝山，請您慈悲，了我心願。」師父見他去意已決，便點頭答應了。

這個弟子歷經千辛萬苦長途跋涉到了五台山，突然遇見一位老人，老人問：「你來五台山做什麼？」

他回答：「朝拜文殊菩薩。」

老人說：「你師父就是文殊菩薩。你不拜師父，卻千里迢迢來到這裡，真是捨近求遠！」說完就不見了。這時他恍然大悟，於是立刻回頭，可當他回到寺院時，師父剛剛圓寂了。

珍惜現在，比不切實際地妄想未來更重要。現在，給予我們的實在太多了，可惜大多數人都看不懂，一生始終在尋尋覓覓，為很多實現不了的願望，勞苦終日、行色匆匆。

這樣的人，或許到了彌留之際也找不到自己想要的東西，因為這些早已與你擦肩而過。

把一天的生活當一生來觀修

假如一天相當於一生，你要看看「這一生」做了什麼善法？如果孩童時代、壯年時代、老年時代都沒有做，那一輩子就浪費了，臨死之前根本沒有把握。

不管是什麼年紀的人，對未來都應有一種無常感，提前計畫好餘生和後世的事情。

無常感如何才能生起呢？

根華仁波切教給我們一個竅訣：把一天的生活當作一生來觀修。也就是，早上觀想自己剛得人身，是孩童時代；中午觀想自己為壯年人；下午觀想為老年人；晚上觀想開始生病，接近死亡；入睡時觀為離開人世；做夢觀為中陰階段；第二天早上醒來時，觀想為下一世。

假如一天相當於一生，你要看看「這一生」做了什麼善法？如果孩童時代、壯年時代、老年時代都沒有做，那一輩子就浪費了，臨死之前根本沒有把握。

如此觀修，每一天才會過得有意義。如果你平時經常這樣做，遇到什麼事情才想得開，碰到什麼問題才看得淡，行住坐臥始終都處於快樂的境地中。

可惜的是，現在很多人這方面的安排一點也沒有，而世間的安排卻一大堆，這實在有些顛倒啊！

多修無常，得佛安慰

佛陀曾這樣讚歎觀修無常：「多修無常，已供諸佛；多修無常，得佛安慰；多修無常，得佛授記；多修無常，得佛加持。如眾跡中，象跡為最，佛教之內，所有修行，觀修無常，堪為之最。」

關於修持無常，塔波仁波切從三個層次教誡我們：

開始的時候，害怕生死所逼，務必要像鹿逃出籠子一樣義無反顧。若沒有這樣的出離心，則無法從世間瑣事中解脫出來。

中間的時候，務必像農夫辛勤耕耘田地那樣，對未來有一定的把握，做到死而無憾。

到了最後，要像大功告成的人一樣，自己心安理得。就像法王如意寶在《快樂之歌》中所說：「死也快樂，活也快樂，一切都快樂。」

在未生起這種境界之前，我們務必要唯一觀修死亡無常。普穹瓦格西也講過：「早晨若沒生起無常之念，那麼白天就空過了；晚上若沒生起無常之念，那麼夜晚就空過了。」有些人平時念頭特別多，總喜歡胡思亂想，一會兒想這個、一會兒想那個，老是安住不下來，非常苦惱。其實你若實在喜歡想，那最好想無常：山是無常的，河是無常的，我是無常的，你是無常的……最終我也會死，你也會死，除此之外，再沒有更殊勝的教言了。

印光大師當年在佛堂裡，就貼了一個大大的「死」字。想到自己要死了，還有什麼放不下？哪一樣東西能帶得去？所以，對修死亡無常特別重視，這也是許多大德修行得力的祕訣。

宋朝有個人叫吳信叟，博學多才，一心向佛，他雖在朝廷身居高位，但深知諸法無常之理，從不貪慕榮華富貴。

他日日夜夜都觀修無常，並請人做了一口棺木，晚上就睡在裡面。每到天亮時，要求家僕一邊敲擊棺木，一邊唱道：「吳信叟，歸去來！三界無安不可住，西方淨土有蓮胎，歸去來！」他一聽這個聲音，馬上就起來念佛。

後有一天，他在念佛的時候，家人聽到天樂鳴空。他告訴大家：「金台已到，我也該走了。」說完即安然往生。

我們每個人的生命都很無常，何時會死，誰也無法預料。親友再纏綿不捨，死後也帶不走一個；財富再令人垂涎，死後也全留在人間；身體再萬般珍愛，死後也棄如敝屣。所以，明代一元大師告誡我們：「西方急急早修持，生死無常不可期，窗外日光彈指過，為人能有幾多時？」

遺憾的是，對大多數人來說，無常明明就在眼前，卻反而把一切執為常有；老年明明已經到來，卻還以為自己仍然年輕。所以，活得苦不堪言，還不明白怎麼回事。

如果想專修一法，無常最為重要

如果你害怕死亡，明白人生裡裡外外的事無一不是無常，無常就會變成動力，你也會覺得餘下的人生不能白白浪費，必須好好用來修行。

一位居士曾問博朵瓦格西：「如果想專門修行一法，修什麼法最為重要？」

如果是我們有些人，可能會回答「念阿彌陀佛」、「明心見性」、「修無上大圓滿」……有許許多多說法，每個人也喜歡不同的竅訣。但博朵瓦格西是如何回答的呢？

格西答道：「如果想專修一法，無常最為重要。」

蓮花生大士在教言中，講過這樣一個比喻：有個人不慎墜落懸崖，慌亂中抓住了崖壁的一把草。他緊抓不放，往下望去，是萬丈深淵。這時出現一隻白老鼠，叼走一棵草；又出來一隻黑老鼠，叼走一棵草，兩隻老鼠就這樣輪番叼，他手中的草愈來愈少。正在這時，他看到旁邊有棵果樹，樹上長滿了水果，他津津有味品嘗著水果的甜美，完全忘記了自己身處險境。

這個比喻是什麼意思呢？我們的壽命就像是那把草；黑白兩隻老鼠，比喻白天和黑夜，它讓我們的壽命不斷減少；身邊的水果，比喻世間的名聞利養；身下的萬丈懸崖，比喻死後的三惡趣。簡單來說，我們的壽命眼看就要走到盡頭，若還一味沉迷在妙欲的點滴快樂中，那麼一旦生命徹底結束，等待自己的就只有一條路——墮入惡趣。

然而，許多人並不知道這一點。有些人年到花甲，卻還忙著為未來描繪各種藍圖；有些年輕人認為自己身強力壯，用不著也沒時間去想死亡的恐怖，卻不明白「黃泉路上無老少」的道理，不知哪天死亡就會突然降臨。

看看我們的周圍，每分每秒都有許多人死去，有些是病死，有些是橫死，有些是自殺……死亡的呼嘯聲一直在我們耳邊迴響，只不過我們一直充耳不聞，或者用雙手緊緊捂住耳朵。但這樣做，死亡就會離我們遠去嗎？

世間人對「死」字特別忌諱，平時連想都不敢想、連提都不願提，一旦無常落到了頭上，只能哭哭啼啼、萬般不捨地撒手而去。

如果你害怕死亡，明白人生裡裡外外的事無一不是無常，無常就會變成動力，你也會覺得餘下的人生不能白白浪費，必須好好用來修行，最後像米拉日巴尊者那樣獲得了無生無死的把握，縱然死亡來臨也絲毫無懼。

警惕無常

不管是年輕人、老年人，人人都困在無常的網中，漸漸趨向死亡。但大部分世間人對這樣的危險沒有警惕，整天都在往外追求，真是非常可憐！

有些人平時聽到別人死了，自己無動於衷，好像沒有什麼感覺。但實際上，任何一個人的死，都是在向你發出警告：「注意了！你也快變成這樣了。」但可惜的是，大多數人根本看不明白。

以前在藏地，有個人修行不懈，最後與護法神之間達到了人與人交談般的境界。

有一次，他給護法神請求：「我快死的時候，請提前給我表示一下。」護法神應允了。

一天，護法神說：「山那邊死了一個男人，他是這樣死的……」「哦，死了是吧？」他沒有特別在意。

幾天後，護法神又說：「山下死了一個女人，是如何如何死的……」他仍沒有放在心上。

過了不久，護法神告訴他：「你的壽命已盡，馬上要死了。」

修行人一聽，急得不得了，拼命地抱怨：「怎麼不提前給我表示一下呢？您不是早就答應了嗎？」

護法神說：「我早已表示過了——山那邊的男人死了，給你講過；山下的女人死了，也給你講過。這些，不就是一種表示嗎？」

死亡對我們來說，真的並不遙遠。儘管每個人都貪生怕死，但也沒辦法，無常的本性就是這樣。它並不是對誰不公平，而是一種自然規律；它並不是倒楣的人才會遇到，而是人人都需要面對的。

無常絕不會按常理出牌

那些因車禍、戰爭、溺水等原因而突然離世的人，可曾想過他們當天會死？死亡的到來，從來不跟任何人打招呼，我們也不敢保證自己下一分鐘不會像他們那樣。

每天看看新聞，就會發現到處都是死亡的消息。

然而，很多人沒有把它當回事，總認為示現無常的是別人，自己永遠不會這樣。

《法句譬喻經》中講過一個故事：

佛陀在舍衛國時，城裡有位年近八十的老婆羅門，家財萬貫，生性頑愚吝嗇。他為了給自己建造一棟豪華巨宅，花費大量時間親自監工，指揮工匠。

佛陀通過智慧觀察，得知他只有這一天的壽命，然其卻毫不知情，忙忙碌碌於無義之事，特別可憐，於是就親自來到他的面前。

佛陀見到他後，問：「你這樣賣力是否疲倦？修建如此豪宅有何用處？」

老婆羅門驕傲地說：「這房子前邊是客廳，後邊是我的臥室，東西兩廂供家人、子女、僕人住。

夏天可到涼台乘涼，冬天搬回暖房居住，舒適得不得了。」

佛陀說：「你這個想法不錯，但我有一偈想送給你，你暫且放下工作，坐下來聽聽好嗎？」

老婆羅門答言：「我很忙，沒空坐下來聽，過幾天再跟你好好聊吧。你如果有事，可以先簡單說一下。」

佛陀說：「你對未來雖然安排得特別好，卻不知無常迅速，很快就會離開人間，還在一味不停地忙碌，再沒有比這更愚癡的了。」

老婆羅門聽後，說：「你講得確實有道理，但我今天實在太忙，以後再聊吧！」

佛陀見他冥頑不化，怎麼勸都無濟於事，也只好由他去了。

佛陀離開後不久，老婆羅門親自去上屋頂的大樑，結果大樑突然墜下，當場把他砸死了。

前不久有一條新聞說：南京一位九旬老人過世後，家人驚奇地發現，他留下了數萬元的保健品，要吃十多年才能吃完……

不僅僅老人會這樣，現在許多年輕人也是如此，為了「將來」殫精竭慮，不停地計畫安排。但無常的突如其來，就會把這一切徹底打亂。

其實，他們都忘了一件事：死亡的到來，往往是不按常理出牌。

請為來世找尋方向

現在有些人只看眼前，根本不管死時怎麼辦、死後怎麼辦，甚至一提起這個問題，馬上就避開不談，連面對的勇氣都沒有。

無常的顯現無處不在。不說別的，看看我們的住處，小時候住的是什麼房子？讀書時住在什麼環境中？現在又住得怎麼樣？未來會變成什麼樣？……從很多方面來觀察，就會瞭解到何為無常。

從前，一休把師父心愛的杯子打碎了。他自知闖禍，不敢直接告訴師父，於是等師父回來後，故意問：「什麼東西可以生而不死？」

師父說：「一切事物有生就有死，哪有不死的？」

一休從背後拿出杯子的碎片，說：「那您心愛的杯子死了。」結果師父也沒法責罵他。

我們的生命也是如此，永遠不可能生而不死，這是誰都逃脫不了的命運。

我們不但會死，而且還無法確定自己何時何地會死，死亡什麼時候到來，誰也沒有把握。《地藏經》中說：「無常大鬼，不期而到。」死神從不與人約定時間，他往往出乎意料地降臨，讓我們一命嗚呼。

這樣一說，沒有修行經驗的人，可能覺得危言聳聽：「我現在身體好好的，怎麼會死呢？」但你有沒有想過，假如地震來了，突然死亡也不是不可能的事。前不久就有個人在禪房裡閉關，不知道什麼原因，房子突然起火了，等大家發現時，她早就死在裡面了。對她而言，當天肯定沒想到「今天是我離開人間的日子」。

曾有一個對佛教半信半疑的人對我說：「要是每個人知道自己能活多少歲再死，提前做一些準備，那多好啊！不然，什麼時候死都不清楚，有時覺得特別可怕！」

世間人往往只看眼前，根本不管死時怎麼辦、死後怎麼辦，甚至一提起這個問題，馬上就避開不談，連面對的勇氣都沒有。其實，對於死亡，一定不要迴避，而應面對。當你自由自在地幸福活著時，請不要忘了，死亡的恐怖也許會突如其來；當你為今生短短幾十年而殫精竭慮時，請不要忘了，漫長的來世也需要你為它奠定方向。

04 懂因果的人有福

你想得到什麼，就要先把這個給別人。比如，想發財，就要先把錢財給別人，這是布施；想長壽，就要先把生命給別人，這是放生；想開智慧，就要先把智慧給別人，這是法施……總之，不管你對別人做了什麼，這些最後都會回到你身上，這就是因果規律。

嫉妒別人，只能害了自己

古大德曾說，人分三種：下等者，見別人快樂，心生嫉妒；中等者，自己受苦時，只想自己儘快解脫；上等者，見他人快樂，自己就快樂，見他人受苦，如自己受苦。

捫心自問，你屬於哪一種呢？

《遷善錄》中記載：

宋國的大夫蔣瑗有十個孩子：一個駝背，一個跛子，一個肢體萎縮，一個雙腳殘廢，一個瘋癲，一個癡呆，一個聾子，一個瞎子，一個啞巴，一個死在監獄中。

公明子皋問：「你做了什麼事，為何禍至於此？」

蔣瑗說：「我平生沒有其他過惡，只是喜歡嫉妒。誰勝過我，我就嫉恨他；誰奉承我，我就喜歡他。聽到別人行善，我就懷疑他的用心；聽到別人造惡，我不經考察就盲目信任。見別人有所得，就感覺自己失去了什麼；見別人有所失，就暗暗高興，好像自己有所得一樣。」

公明子皋聽後，禁不住歎道：「你這種存心，將會招致滅門之災，惡報又豈止這些啊？」

如今不少人也像蔣瑗一樣，見不得別人好，看到人家擁有財富、受用、美名、地位，心裡總是不平衡，老想著：「這個人倒楣該多好啊！」「哪天他人財兩空，被打回原形，那就大快人心了！」他們表面上笑眯眯的，讓人覺得和藹可親，但實際上心胸狹窄、口蜜腹劍，內心充滿了惡毒之水。

如此惡意嫉妒別人，實際上是一種愚癡之舉。其實你想過沒有：你再怎麼詛咒人家，也無法改變他福報的一絲一毫，反而只會讓自己在起心動念間，大大損耗積之不易的福德？

莎士比亞說過：「你要留心嫉妒啊，那是一個綠眼的妖魔！」的確，人一旦有了嫉妒心，真的像著了魔一樣，很多事情都不會去考慮。

清朝雍正年間有個白泰官，是當時八大武術家之一。他成親後因故離家多年，一直浪跡江湖。有一次在回鄉途中，他恰巧遇到個小孩正對著一塊大石頭練功，掌到之處，火光四濺。

白泰官心想：「我家鄉竟有這樣的小孩，現在武功就如此了得，長大後肯定超過我。」在強烈嫉妒心的驅使下，他竟一掌把孩子打死了。

在斷氣之前，孩子只說了一句：「我爹爹白泰官一定會找你報仇！」白泰官一聽，如五雷轟頂，方知殺的是自己兒子，但悔之晚矣。

古大德曾說，人分三種：下等者，見別人快樂，心生嫉妒；中等者，自己受苦時，只想自己儘快解脫；上等者，見他人快樂，自己就快樂，見他人受苦，如自己受苦。

捫心自問，你屬於哪一種呢？

「名譽，是魔鬼對你的奉承」

如果你是獅子，別人罵你是狗，你不會真的變成狗，故不用為此而傷心；如果你是狗，別人讚歎你是獅子，你也不會真的變成獅子，故不必為此而欣喜。

美國波士頓有個教授說：「過去有父母、老師、同齡人注意你，這就夠了。但現在這還不夠，大家都希望吸引全世界媒體的注意。」

像二〇〇一年賓拉登（又譯本・拉登）製造了「九一一」事件之後，河南有個中年男子也想出名，但苦於別無他法，就自稱是賓拉登的弟弟，叫本・拉圖。

這種人不顧一切地瘋狂表演，就是為了吸引別人的眼球，不管是仰慕的、侮辱的、諷刺的，只要目光來了，目的就達到了。

然而，名聲到底能給人帶來什麼呢？

它若讓你福如東海、壽比南山，或者讓你身強力壯、無病無災，那追求名聲也未嘗不可。但實際上你名氣再大，快樂也不一定如影相隨，甚至最後要離開人間時，延長半天的壽命也不可能。

貢塘・丹畢准美尊者說：「名譽的雷聲陣陣地響起，福報的雲霧漸漸地消散。」卡讓巴格西也講過：「名譽，是魔鬼對你的奉承。」

現在，許多人不懂這一點，他們對名聲無比執著。假如自己遭人譭謗，生活、事業受影響了，就痛苦不已，甚至有人乾脆自殺。這種行為在智者看來，就像小孩在海邊堆的沙屋倒塌了，一直在傷心痛哭一樣，是非常幼稚可笑的。

其實，名聲只不過是一些詞句，猶如空谷回聲般，完全沒有實質。如果你是獅子，別人罵你是狗，你不會真的變成狗，故不用傷心；如果你是狗，別人讚歎你是獅子，你也不會真的變成獅子，故不必為此而欣喜。

實際上，別人的讚歎，不會讓你變好；別人的指責，也不會讓你變壞，沒什麼可執著的。《竅訣寶藏論》云：「了知讚毀均為空谷聲。」所以，任何時候，面對他人對自己的評價，我們應以這樣的心態觀之。

罵人的果報相當可怕

藏族有句諺語：「口中若出言，當視他人臉。」因此，說話一定要考慮別人的感受。

曾有這樣一個故事：

有個人在餵雞的時候，鄰居的雞也跑過來搶食，他脾氣不太好，拿石頭把雞的腳砸斷了。鄰居看見後，罵道：「哪個狗雜種敢砸我的雞？」兩人從破口大罵到大打出手，最後一人開槍打死了對方四個人。為了一句粗話，竟然失去了四條寶貴生命。

我們在生活中，也常會遇到他人的無端挑釁、惡語中傷。面對這些，自己最容易做出、也是最下策的反應，就是反唇相譏或拳腳相加。這樣做，固然可發洩一時之氣，但最後傷到的還是自己。

罵人的果報相當可怕。藏地曾有一位大成就者，叫喬美仁波切，他有段時間在禪修時，眼前常會浮現出一隻白狗，後來通過禪觀，他意識到這是自己的業報呈現：

很久以前，他當僧人時曾罵別人為「狗」，後來果報現前，致使他五百世都在做狗。

最後一世他做了隻白狗，時值釋迦牟尼佛出世。當時有一群商人在吃飯，這只狗饑餓難耐，便上去偷吃。商人們發現後，逮住了牠，並把牠活埋了。阿難尊者目睹這一切後，以慈悲心超度了牠。這就是喬美仁波切的前世。

佛陀曾說：「人生世間，禍從口生。」薩迦班智達也說：「傷害他人之惡語，即使怨敵亦勿說。」其實世間的友好與衝突，全是依靠語言而產生，假如說話不掌握竅訣，很可能會釀成大錯。

對凡夫人而言，脾氣誰都難免會有，但有時還是要克制一下。否則，氣頭上說的話，往往是口不擇言，且不說來世有什麼果報，僅僅是眼前，也只會給自己帶來痛苦。比如，你跟某人大吵了一場，心裡會像堵了塊石頭，非常不舒服，甚至連吃飯都沒有胃口。因此，就算對自己來講，惡口傷人也是有百害而無一利。

佛教的大乘論典中說過，眾生的語言，大致分為三種：上等者為稱心如意之語，猶如蜂蜜；中等者為真實語，好似鮮花；下等者為虛語或顛倒語，如同不淨糞。

所以，我們即使說不出最好的語言，也應儘量捨棄最後一種，多說些柔和、悅耳、真實的語言，這樣才不會夾雜任何罪業。

做人要厚道

你用語言竭盡所能地傷害別人，只會讓自己愈來越愈殘忍，這種殘忍所散發出來的氣場，會讓你在人生中越走越艱難。

有些人罵人、挖苦人特別刻薄，什麼話都說得出口。無論對任何現象、任何事，他們動不動就破口大罵，不管有沒有弄清真相，總之自己先罵了再說。尤其是現在的網路語言暴力，有日益嚴重的趨勢。有些人整天在網上罵人，甚至把它視為一種享受和職業。

當然，想說什麼，是你的自由，但你用語言竭盡所能地傷害別人，只會讓自己愈來愈殘忍，這種殘忍所散發出來的氣場，會讓你在人生中愈走愈艱難。誠如憨山大師所言：「惹禍只因閒口舌，招愆多為狠心腸。」

明朝漢洲有位王生，喜歡指責他人的過失。鄰居死了兒子，他呵斥道：「因為你造惡深重，所以有這種果報。」但不久，他的兩個孩子都病死了，鄰居反譏他：「你造惡是不是更深重呢？」

又有一次，他的族兄考試名列四等，王生指責說：「你文章寫得實在荒謬，怎麼可能有好成績呢？」不到一年，他自己考試名列五等，族兄諷刺他：「兄弟的文章是不是更荒謬呢？」可見，罵人者常被人罵，責人者常被人責。我們在指責別人的同時，也要先看看自己是不是完人。倘若自己過失滿身，又有什麼資格對人家挑三揀四？

從前有個老秀才，天性尖酸刻薄，凡是好人好事，都要刻意從中挑剔謾罵，故而得了個「賽商鞅」之名。

翰林院編修錢敦堂先生死後，他的門生為其籌措款項，置辦衾棺，料理喪事，並贍養撫恤他的妻兒子女，事事辦得周全妥貼。賽商鞅卻說：「世間哪有這麼好心的人！他們分明是借機沽名釣譽，好博得人家稱他們有古道心腸，讓顯要人物知道他們的名聲，將來想攀附鑽營就容易了。」

有一位貧民，他的母親病死於路旁。這位貧民跪在母親的遺體旁，向路人乞錢買棺，以安葬母親。他面容憔悴，形體枯槁，聲音酸楚悲哀，很多人為之淚下，紛紛施捨給他錢物。賽商鞅說：「這人是借屍發財！那躺在地上的，是不是他媽還不知道呢！什麼大孝子？騙得了別人，可騙不了我！」

又有一次，賽商鞅路經一座表彰節婦的牌坊，抬頭看了一陣碑文後，就嘲笑說：「這位夫人生前富貴，家裡奴僕眾多，難道就沒有像秦宮、馮子都那種人？這事得加以查核，我不敢斷定她不是節婦，但也不敢說她肯定就是。」

賽商鞅平生所操的論調，都是這樣尖酸刻薄，所以人們都討厭他、迴避他，也沒人敢請他教書。

因此，他一輩子不得志，終於貧困潦倒而死。

這位老秀才，平生倒沒有做過什麼大的罪惡，但他總要顯示自己的見識高人一等，不知不覺走到了這種悲慘的地步，每個人怎可不引以為戒？

要知道，一句話會傷天地和氣，一件事會釀成終身禍患。我們平時說話時，一定要心存厚道、口下留情，不能想什麼就說什麼。

現在有些人為了與人交往遊刃有餘，特別喜歡鑽研說話之道。但實際上，最好的說話之道，不是學習怎麼說話，而是學習怎麼做人。

人要是善良、誠懇，就算語言拙笨一點，大家也會喜歡你；如果心腸不好，嘴巴就算再會說，別人被矇騙得了一時，也不會被矇騙一世。

做人，厚道吧！

「害心是地獄的使者」

常言道：「害心是地獄的使者。」當你在對別人生害心時，無形中已將自己推入了地獄。在這個世界上，你付出什麼，就會得到什麼，不管你對別人做了什麼，這些終究都會回到你的身上，這就是因果規律。

《雜寶藏經》中講過：從前，有個婆羅門娶了個年輕的妻子。

妻子容貌豔麗，但性情淫蕩，不太安分守己。婆羅門為了謀生，經常要出門，這就給了他妻子許多機會。可是家中還有一個婆婆，這讓她的行動受到了很大限制。於是，妻子從早到晚都在琢磨：「怎樣才能除去這個老東西？」思來想去，終於想出一條惡招。

之後，她對婆婆百依百順。每天給婆婆吃好的、穿好的，滿嘴也是甜言蜜語，只哄得婆婆心花怒放。丈夫見她如此，非常高興：「像你這樣照顧老人，真稱得上是孝順的好媳婦。」

妻子說：「這算什麼！我現在供養婆婆的，都是人間的東西，若能讓婆婆得到天堂的供養，那才算是盡了我們做兒女的心願。你說，有沒有什麼辦法能把母親送到天堂去，讓她在那兒永遠享福呢？」

婆羅門想了半天，終於說：「嗯，照我們的習慣，只要從山崖上跳下，或者跳到火堆裡，就可以升天了。」

妻子馬上說：「既然有辦法讓婆婆去天堂享福，又何必讓她繼續留在人間吃這些粗茶淡飯呢？」

婆羅門左思右想，覺得妻子的話挺有道理。於是，他來到野外挖了一個很深的大坑，裡面堆上許多木柴，一把火點燃了。然後，他帶著母親，召集親友在火坑邊又吃又喝、又唱又跳。等客人們散去之後，夫妻倆便騙母親來到火坑旁，猛地把她推進去，然後頭也不回地揚長而去。

沒想到，火坑的半中央有一個土階，母親剛好掉在上面。老人這才明白，兒媳婦過去的孝順全是假的，沒想到她的心竟是這麼毒辣。在求生的本能下，老人使出全身力氣向上爬，最後，好不容易爬出坑來。

之後，老人搖搖晃晃地向家一步一步地挪去。當路過一處森林時，天已黑得伸手不見五指，老人非常害怕遇到野獸，於是拼命爬到一棵大樹上，想等天亮後再走。

不久，一群攜帶金銀財寶的盜賊，來到那棵大樹下分贓。老人見後嚇得大氣都不敢出。過了一會兒，她嗓子癢，憋不住咳嗽了一聲。盜賊們以為是惡鬼，嚇得拔腿就逃，贓物扔了一地。天亮了，老人小心翼翼地從樹上滑下，拖著財物回到了家中。

婆羅門夫婦見老母親竟然回來了，大吃一驚，以為是鬼來索命。母親說：「你們別害怕！我是死後上了天堂，又從天堂回來的。而這些財寶呢？因為我年紀大了，沒力氣，只給你們帶回這些……」

兒媳婦信以為真，高興極了，趕緊催促丈夫把自己也送到天堂去。丈夫便在原來那個大坑裡堆上木柴，再次燃起熊熊大火，把妻子推了進去。

可這狠心的女人運氣不好，她沒掉在土階上，而是直接墜入火堆裡，一下子就被燒死了。

常言道：「害心是地獄的使者。」當你在對別人生害心時，無形中已將自己推入了地獄。在這個世界上，你付出什麼，就會得到什麼，不管你對別人做了什麼，這些終究都會回到你的身上，這就是因果規律。

不要隨便發惡願

自己不要發惡願，也要勸別人不發惡願，每個人都應儘量發善願。不然，一時衝動而發下惡願，將來的痛苦不是你能承受得了的。

生活中，我們一定要注意，不要因一時不快而發下惡願。否則，僅發一次惡願，也會帶來生生世世的痛苦。

佛陀時代的微妙比丘尼就是如此：

很久以前，她是一位長者的妻子。長者因為膝下無子，又娶了一個小妾，生了一個兒子。妻子因為自己沒有兒子，便生起嫉妒心，害死了小妾的兒子。

小妾懷疑她殺了兒子，就去質問。她當時為了表明自己的清白，就發下毒誓：「如果我殺了你兒子，願我在生生世世中，丈夫被毒蛇咬死，孩子被水沖走、被狼吃掉，我吃自己孩子的肉，我生身被活埋，父母被火燒死。」

結果，她真的生生世世遭受了以上惡報。

願。

不懂因果的人就是這樣。為了博得他人的信任，或者為了隱瞞、澄清某件事，不惜說妄語，發惡願。

大家想想自己的經歷，可能也說過這樣的語言。有些人為了洗清自己而賭咒：「如果我貪污了，但願我怎樣怎樣……」有些夫妻吵架時也發誓：「如果我做了這件事，讓我上街被車撞死，喝水被水嗆死，來世一定下地獄！」諸如此類都屬於發惡願，假如你真做過那樣的事，將來很難逃得過因果。

所以，自己不要發惡願，也要勸別人不發惡願，每個人都應儘量發善願。不然，一時衝動而發下惡願，將來的痛苦不是你能承受得了的。

隨喜惡人，惡報更大

《諸法集要經》說：「見別人造了非法的罪業，對此產生惡劣的隨喜心，由於愚昧無知的緣故，自己所受的果報遠遠超過他。」

別人在做惡事時，千萬不能去隨喜。

以前美國發生「九一一」事件時，我聽說中國個別年輕人歡呼雀躍，覺得實在是大快人心。這樣的話，你隨喜讚歎賓拉登殺了近三千人的罪業，自己的過失不比他少，甚至比他還嚴重。

《諸法集要經》中說：「若見造非法，生劣心隨喜，由彼無智故，受苦復過是。」見別人造了非法的罪業，對此產生惡劣的隨喜心，由於愚昧無知的緣故，自己所受的果報遠遠超過他。

《法句譬喻經》有一則公案，就說明了這個道理：從前，佛陀在舍衛城時，有個信奉外道的長者，財富多得難以計數。他兒子在二十歲時娶妻，婚後夫妻二人相敬如賓，恩愛非常。一天，妻子想去後花園賞景，他們便相偕前往。見一棵大樹上的花很美，妻子非常喜歡，流連忘返。為討愛妻歡心，丈夫就爬到樹上，結果不小心從樹上摔下來，當場重傷而亡。這時，離他們新婚還未滿七日。聽到這一噩耗，全家人痛不欲生。到了出殯的日子，長者見自己白髮人送黑髮者，內心尤為悲苦。這時，佛陀知道他們得度的因緣已成熟，就出現在他們面前。長者全家見佛陀親臨，感動不已，立即恭敬頂禮佛陀，對佛陀訴說心中的哀痛。佛陀講述了萬法無常、輪迴皆苦的道理，然後勸他們不要特別傷心。

長者聽聞妙法，憂傷放下大半。他問佛陀：「我兒子過去造了什麼惡業，以至於年紀輕輕就喪命了？」

佛陀告訴他：「過去，有一個少年手持弓箭，和三個朋友到樹林遊玩。少年看見樹上停著麻雀，便想將它射下。在旁的三個朋友不但不勸阻，反而一直鼓勵：『如果你能一箭射中，那實在是了不起！』少年聽了，舉弓射去，麻雀當下中箭墮地而亡，一旁的三人興奮得拍手大笑。但此後，四人經歷了無數劫的生死流轉，共同為他們殺鳥的罪業而受報。其中，那三個見殺隨喜的人，一位因過去修福，現在天上享福；一位投生至海中，成為龍王；另一位就是你。

這名射箭的少年，先投生至天上，是天人的兒子；命終後投胎到人道，成為你的兒子；如今從樹上摔死，立即化生為龍王的兒子，但剛出生就被大鵬吃掉了。所以，此時此刻，天上、人間、海中有三位父親都在為兒子的死而痛苦不已。

用箭射殺麻雀的少年——你現在的兒子，因為造下殺業，所以他世世短命。而在一旁隨喜他殺業的三人，則同嘗失去兒子的苦果。可見，因果絲毫不爽，不可不慎！」

見別人作惡，對他隨喜的話，作惡者需用生命來償還，隨喜者將來也難逃苦果。

一念之差，福報頓消

「人心念善，即有善報；心中念惡，即有惡報。」

命運雖然是存在的，但也並非一成不變。歹命的人，若儘量行善積德，就算命中本該受苦，也會減少乃至消弭，命運會往好的方向轉變；好命的人，若肆無忌憚造惡，就算本該享受安樂，最終也會大打折扣，人生變得坎坷多舛。

從前，福建有一個姓李的人赴京應試。要到衢州時，有個店主夢見土地神對他說：「明天有個李秀才來，他有望高中，你要好好接待他。」第二天早晨，李生果然來了。店主殷勤款待，走時還送給他乾糧，並提供車馬。

李生問其原因，主人把所做的夢告訴了他。

他聽了非常高興，晚上暗自琢磨：「我妻子相貌太醜，不配當官夫人。一旦我考中當了大官，就該換一個才對。」

李生走後，店主又夢見土地神說：「那個人居心不良，功名還沒成就，就想拋棄妻子，現在他已失去考中的希望了。」李生再來時，店主對他非常冷淡，甚至不留他住宿。

李生問是什麼原因，店主原原本本地講給他聽。李生又驚又愧，灰溜溜地走了。後來，他果然一輩子都未得到功名。

可見，一次的惡念，就足以改變自己的命運。

現在有些人心非常惡，雖說暫時賺了不少錢，享受了種種世間快樂，但這也只是前世善業的餘報，用盡之後就沒有了。而他如今所造的惡業，一旦在未來哪天成熟，必將無法逃避痛苦的果報。

所以，儘管現在世風日下、人心不古，但我們仍不應該同流合汙，而要堅持高尚的行為。畢竟，將來的因果絕對會自作自受，只不過是早晚而已！

善心能帶來最大的福報

我們若唯一修學心地善良，不但可以蒙受諸佛菩薩加持，今生的一切能稱心如意，而且臨終時，也不會感受氣息分解的劇烈痛苦，生生世世都能獲得不可思議的安樂。

《水木格言》中說：「不管是出家在家、高貴貧賤，心地善良都是做人的根本，有了它，做什麼事情都容易成功。如果你一心利益他人，即使根本不求回報，回報有時候也會突如其來。」

就像弗萊明，他本是個窮苦的蘇格蘭農夫，有一天在田裡工作時，聽到附近泥沼裡有人發出求救的哭聲，於是趕緊放下農具跑過去，發現一個孩子掉到了裡面，就忙把他救了出來。

隔天，一輛嶄新的馬車停在他家門口，走下來一位優雅的紳士，他說：「我要報答你，你救了我兒子一命。」

農夫拒絕道：「我救人不求任何回報。」

就在這時，農夫的兒子從屋外走進來。紳士問：「這是你的兒子嗎？」

農夫驕傲地回答：「是。」

紳士說：「我們訂個協議，讓我帶走他，讓他接受良好的教育，將來他一定會成為令你驕傲的人。」農夫答應了。

後來，農夫的兒子從聖瑪利亞醫學院畢業，成為舉世聞名的弗萊明・亞歷山大爵士，也就是青黴素的發明者，他在一九四五年獲得了「諾貝爾醫學獎」。

數年後，紳士的兒子染上肺炎，正是青黴素救了他的命。那位紳士的兒子是誰呢？就是英國首相邱吉爾。

一個農夫的一點點善心，就給世界帶來了如此重大的變化。可見，善心的力量不可小覷。

在藏地，有一次阿底峽尊者感到手痛，就把手放入在家弟子仲敦巴的懷裡，說：「請給我加持一下，因為你有一顆善良的心。」

像阿底峽尊者那樣鼎鼎有名的人，竟然讓弟子加持，難道是他實在找不到人加持了，走投無路之下只好向弟子求助嗎？當然不是。雖然按理來講，應該是弟子生病讓上師加持，沒聽說過上師生病讓弟子加持的。但這個故事闡明了一個道理：無論上師還是弟子，只要為人善良，哪怕他吹一口氣，或者給人念經，都肯定對眾生有利。

一個心地善良的人，加持會特別大。藏地常有這種說法：「這位大成就者非常了不起，讓他念經加持加持，這件事情肯定會順利成辦。為什麼呢？因為他的心太好了！」

在藏地，任何一個寺院，若有一位心地善良的大德居住，當地人就有了依靠處。即便不是大成就者、大修行人，只是個一般的老人或居士，但心地善良的話，人們也會把他當作菩薩。

我們若唯一修學心地善良，不但可以蒙受諸佛菩薩加持，今生的一切能稱心如意，而且臨終時，也不會感受氣息分解的劇烈痛苦，生生世世都能獲得不可思議的安樂。記得《中阿含經》講過：「死時生善心，心所有法，正見相應。彼因此緣此，身壞命終，生善處天中。」反過來說，「死時生不善心，心所有法，邪見相應。彼因此緣此，身壞命終，生惡處地獄中。」

心善的話，做什麼都會積功累德

心善的話，做什麼都會積功累德；心惡的話，做什麼都會變成惡業。就像一棵樹，它的根若是劇毒，枝葉花果全是劇毒；如果根是妙藥，那枝葉花果全是妙藥。

好事，壞事？行善，造惡？這之間到底該如何區分呢？關鍵要看自己的發心。假如你發的是惡心，就算結果皆大歡喜，也算不上是善法；如果你發的是善心，哪怕結果不盡如人意，也仍是功德一件。

《德育古鑒》中有個人叫衛仲達，一次他的魂被引到陰間。冥官令手下把他在陽間所做的善惡檔案呈上來。他發現自己作惡的檔案堆滿整個法庭，而行善的記錄，卻只有筷子那麼小的一卷。冥官吩咐拿秤來稱，沒想到那一大堆惡事的檔案，反而比行善的記錄輕。於是冥官說：「你可以走了。」

衛仲達問：「我年紀還不到四十歲，怎會有這麼多的罪惡呢？」

冥官回答：「只要一念不正，陰間就有記錄，不必等到行為犯法。」

衛仲達又問：「那小卷行善的檔案，寫的是什麼內容？」

冥官說：「朝廷想大興土木，建造三山石橋，叫很多老百姓去做苦工。你上書建議朝廷不要這麼做，這一卷就是你奏章的底稿。朝廷雖沒接納你的建議，可你這一念善心是為了萬民，所以力量非常大。」

可見，善根功德的大小，不能單憑表面來衡量，唯一要看自己的心。誠如智悲光尊者所說：「只隨善惡意差別，不隨善惡像大小。」

《了凡四訓》中還記載：當年呂洞賓跟漢鍾離學點鐵成金術時，漢鍾離告訴他：「點鐵為金可以濟世，幫助很多貧困的人。」

呂洞賓問：「此金以後會不會變為鐵？」

漢鍾離回答：「五百年後，鐵才會恢復原形。」

呂洞賓說：「如此則害了五百年後的人，我不願意這樣做。」

漢鍾離讚歎：「修仙本要積累三千功德。你這樣的存心，三千功德已圓滿了！」

《心地觀經》講過：「三界之中，以心為主。」可見發心最為重要。心善的話，做什麼都會積功累德；心惡的話，做什麼都會變成惡業。就像一棵樹，它的根若是劇毒，枝葉花果全是劇毒；如果根是妙藥，那枝葉花果全是妙藥。

有些人做的善法非常大，表面上供僧、修路、造經堂，但如果發心不善，是為了競爭、攀比、炫耀，這些也只是一種形象而已，即使修了十三層樓的經堂，這個功德也不大；反之，倘若以善心來攝持，有些行為看似微不足道，實際上功德無量無邊。

所以，我們無論做什麼，一定要先觀察自己的心。

任何苦樂都不會無因無緣

佛陀所揭示的因果，不是用來嚇唬人的，而是用來提醒人的。這個真理，不管你是否相信，它都在那裡，不增不減。

有個牧民，一直生活在偏遠的牧區。一個偶然的機會，他來到一座現代化的大都市。牧民發現這裡的人都在使用電燈，心想：「這個發光的東西真好，我應該買一個回去，這樣就不用天天晚上點油燈了！」

於是他買了一個燈泡回到家鄉，滿懷希望地在帳篷裡掛起來，可是擺弄了半天，燈泡也不亮。見到燈泡放光，這個牧民就想當然地認為：只要買一個燈泡，就能照明了。可他不明白一些隱蔽的因緣：燈泡只是照明的一個近緣，要照明還需要電、電線等其他遠因。

實際上，每個人的苦樂，都有近緣和遠因。我們的肉眼只能看到眼前的近緣，看不到隱藏在背後的遠因。就像一個人發財了，我們看到的是他通過努力，抓住機遇發了財，卻無法看到他前世積累的福德。

或許有人認為：「發財哪裡需要什麼福德？僅靠努力就行了。」那麼請問，為什麼隨處可以看到：許多人終生勤勤懇懇，早出晚歸，把所有心血都用在賺錢上，結果卻飽嘗艱辛，所得的一切除了餬口之外所剩無幾呢？

我們每個人身邊，肯定也有不少這樣的人——他們千方百計積累，用盡了一切手段追索財富，就像「從石頭裡榨出血，從鳥兒體內吸出骨髓」一樣奮鬥，但生活仍然不盡人意。

可能有人會說：「是不是他們的能力、智慧不夠，才落得如此結果？」

實際上並非如此。一個人就算再努力，或者再有智慧、再有能力，假如福報不夠，也很難會有稱心如意的結果。即使偶爾得到少許財物，也無法擁有很長時間，過不了多久就會損耗殆盡。

與之相反，有些人根本不需要付出太多，許多東西就可以到手，沒錢不需要尋求，有財不容易耗盡，無論到哪裡，財富都會自然現前，這就是他們往昔福德的果報。

現在，許多人不懂因果，賺不到錢，達不到自己目標就怨天尤人，或是抱怨父母，或是抱怨上司，或是抱怨政策，或是抱怨老天爺……

網路上就有一句話叫：「恨爹不成剛。」有些人痛恨自己的爹為什麼不是李嘉誠①，為什麼不是

①李嘉誠，曾為亞洲首富，並蟬聯二十一年香港首富，其所創立的長江集團已成為香港最大企業之一。

李剛②？其實，按照因果規律，你今生有什麼樣的爹，是你往昔業力造成的，所以，沒必要一味抱怨外境，而應儘快從當下行善積福做起。

如今，不少人為了眼前的蠅頭小利，肆無忌憚地造業而不自知。如此不怕因果的行為，實在令人不寒而慄。《法句經》中說過：就像播下苦種子定會結出苦果一樣，造惡業必定會得惡果。所以，我們沒必要為了追求過分的財富，令此身成為惡趣的墜石。

因果正見對當今來講，確實十分重要。倘若人人都自覺地按因果行事，公務員不會貪污、受賄，商人也不會製造假冒偽劣產品……人人都深信因果的話，這個世界就會變成人間的淨土。

②李此成語是網友根據二〇一〇年熱門社會事件而創造的，語句模仿自俗語「恨鐵不成鋼」。二〇一〇年有一輛黑色轎車在河北大學校區內發生車禍，後來被攔下，肇事者不但沒有悔意，還高喊，「有本事你們告去，我爸是李剛！」，後來就有了這麼一句成語。

有就享受，沒有就坦然接受

一個人的功名利祿，其實跟前世福報有關。倘若不擇手段、損人利己，只能折損現有的福報，與所求南轅北轍。

平時我跟許多人接觸的過程中，常發現他們因看得太多、聽得太多，以致追求的目標和手段也很多。他們見別人穿高檔衣服、吃美味佳餚，住奢華豪宅、開高級轎車，自己得不到的話，就會憤憤不平、怨天尤人。

濟公和尚在《聖訓歌》中曾說：「一生都是修來的，求什麼？」意思是，我們今生的地位、財產，都是前世修來的，前世不積福的話，今生再強求也沒用。

這個世界上，渴求幸福快樂，是人人與生俱來的天性，可真正能如願以償的，實際上寥寥無幾。

有人為了舒適安樂而修建房屋，沒想到房屋突然倒塌，自己被埋在裡面；

有人為了口腹之欲而享用美食，結果卻染上疾疫，危及生命；

有人為了身康體健而服下藥物，結果竟發生不良反應，提早離開人間；

有人為了爭取勝利而奔赴戰場，結果一命嗚呼、客死異鄉；

有人為了謀求利潤而苦心經營，結果被仇人陷害，傾家蕩產；

……

放眼周圍，無數人為了所謂的快樂，不惜一切、費盡心機。可他們並不知道，倘若沒有前世的福報，今生再怎麼付出也收效甚微。我就有這麼一個親戚，在我很小的時候，為了生計而四處奔波。前不久我在一所寺院又見到了他，他辛苦一輩子所追求的快樂和財富，到現在也沒有得到。

記得有這樣一個故事：曾經某一世的大寶法王，每天都有來自各地的信徒前來拜見，供養非常豐盛富足。他身旁的侍者，天天為法王收拾著各地的供養，心中不禁抱怨：「怎麼都是供養他，就沒人供養我呢？我也很辛苦啊！」

大寶法王知道侍者的心念，便對他說：「明天一整天，我收到的所有供養都歸你。」侍者聽了很高興，眼巴巴地盼著第二天的來臨。

結果這一天，從早到晚，就是沒有人來供養。直到傍晚的時候，才有一個人來供養一塊乾牛皮。法王將那塊乾牛皮給了那侍者。

侍者接過乾牛皮，心裡感到很失望，大寶法王對侍者說：「你看，沒辦法，作為法王我也幫不了你，因為你的福報只有一塊乾牛皮而已。」

所以，我們不得不承認，若想得到夢寐以求的東西，除了付出努力之外，前世的因緣也不可或缺。

現實中也常可以看到，許多人就算擁有同等的條件，由於各自福報不同，今生的苦樂迥然有異。就算是同一個父母所生的孩子、同一個老師教出來的學生，未來的命運也有天壤之別。

當然，佛教並不是宿命論，認為一切都是命中註定，半點也不能改。而是告訴我們：今生的一切苦樂，與前世脫不了關係。有了前世的因，才有今生的果；沒有因的話，再怎麼追求果也徒勞無益。

要知道，夢想與現實之間有距離，許多事情不一定如願以償，這是很正常的。如果你學了佛，心胸就會非常開闊，所求的東西得到了，不會過於歡喜；得不到，也不會過於傷心。因為你知道這一切都是因緣，因緣具足，你有這些外在條件，那去享用也可以；但若實在得不到，自己也能坦然接受，並不會苦苦強求。

05

佛的加持不可思議

什麼時候，當你傾力做一件事情不是為了賺錢，而是因為熱愛它、喜歡它，並想用它來造福更多的人。那麼，財富自然會滾滾而來，幸福更會與你如影隨形。

學佛後，有些感應非常奇妙

不少人在學佛的過程中，身上可能都發生過一些奇妙的事情，依靠佛像、寺院、上師的加持，有些感應無法言說、非常微妙。

《隨念三寶經》中說過：「佛的功德不可思議，法的功德不可思議，僧伽的功德不可思議，若對這些不可思議生起信心，果報也不可思議。」

像密宗有很多高僧大德，通過持念本尊心咒，親自現見了本尊，得到摸頂加持後，獲得了諸多出世間功德。

淨土宗中也有這種現象，很多人在臨終的時候，親自見到阿彌陀佛的化身，當下獲得了神通神變，馬上往生極樂世界。

此外，有一些成就物也能讓人迅速成就。譬如依靠咒語、眼藥等物，可以輕而易舉地成就八大共同悉地；見到諸佛菩薩的身相，如佛像、菩薩像，也可以獲得極大的加持，令自己的心得以改變。

很多人朝普陀山、五台山時，到了寺院見到佛像後，心態瞬間就跟以往不同了，這即是佛的加持。

我看過一本《金剛經問答錄》，裡面說有個老太太，天天都罵她的先生，人稱「罵先生」。後來她看到一些佛教徒和佛像，一下子就頓悟了，別人問她這是什麼原因，她說：「佛法的加持不可思議！」

的確是這樣，不少人在學佛的過程中，身上可能都發生過一些奇妙的事情，依靠佛像、寺院、上師的加持，有些感應無法言說、非常微妙。有些人若沒有經歷過這些，也不一定對佛法生起信心，至今可能還在紅塵裡打滾。所以，佛教中有些現象確實不可思議，對此大家不應妄生邪見。

一絲善念，勝過萬千靈丹妙藥

內心產生的任何善念，哪怕只是一瞬間，都是佛陀的加持所致，這樣的善念來之不易。

不管在什麼情況下，我們最好能經常發善願、行善法，讓心住於善念中。這種善念具有強大的力量，且不說別的，單單對健康也非常有利。

據日本新聞界報導，山口縣一個老人院的護士們發現，抄寫佛經可以防治老年癡呆。後來，日本的一位大學教授對一千個老人進行了測試，結果表明：抄寫佛經可以激發老人大腦的活力，對老人的健康很有幫助。

日本是個高齡化嚴重的社會，這項研究成果公布後，引起了各界重視，許多人對此積極宣傳、推廣。其實，抄經就是一種讓心安住於善念的辦法，所以這項研究也證明了善念的力量。

我也發現過這種現象，許多高僧大德和念佛的老人，非常高齡了神智都很清晰，身體也很健康。因此，大家若想健康長壽，一定要經常處於善念中。

在藏地，佛教徒互相問候時會說：「願你往生極樂世界。」在漢地，佛教徒口口聲聲也是「阿彌陀佛」，甚至打電話都講：「阿彌陀佛，你在哪裡？」「阿彌陀佛，你身體好嗎？」傳法時會先說：「阿彌陀佛，大家好！」傳法結束後是：「謝謝大家，阿彌陀佛！」這些祝福、問候的緣起非常吉祥，也是內心有信心的表現。

如果你行住坐臥都想到阿彌陀佛，那隨時隨地可以得到佛的加持，不但身體會健康安泰，甚至能獲得超勝功德，往生極樂世界也指日可待。

若想孝敬老人，教他用轉經輪

蓮師說：「善男子、善女人，凡是欲求往生極樂世界者，應當勤轉此經輪，五無間罪也可依此得清淨。」

在我們藏地，人到了五六十歲時，家人就讓他「退休」了，什麼事情都不用幹，只是一心一意地念觀音心咒、轉經輪。

而漢地的情況並不是這樣，人老了，要操心的瑣事還不少，實際上這是兒女不孝的一種表現。真正對父母孝順的話，應該為了他們的來世著想。我們藏地就有一種傳統：孩子如果非常孝順，他出差回來經常會帶轉經輪。畢竟父母的年紀這麼大了，現在最適合他們的，就是多念觀音心咒、阿彌陀佛聖號，多用轉經輪。

所以，若想孝敬家裡老人，一定要讓他學會用轉經輪。

高僧大德也經常使用轉經輪，像巴楚仁波切無論到哪裡去，隨身都有一個黑色的轉經輪；米滂仁波切的家裡，也有一個經常用的轉經輪；我的上師——法王如意寶，大大小小的轉經輪也不少，甚至在他去美國、印度等國家時，也總是帶著轉經輪，一有時間就用一下。

以前法王如意寶講過，藏地有位非常出名的空行母，叫西瓊堪卓瑪（《西藏生死書》中的林薩秋吉），她經常前往中陰界，雖然去過十八大地獄，卻從來沒有見過生前使用轉經輪的人墮地獄。

蓮師說：「善男子、善女人，凡是欲求往生極樂世界者，應當勤轉此經輪，五無間罪也可依此得清淨。」

對我個人來講，從小到現在，對轉經輪的感情非常深。小時候在山上放犛牛時，就有一個黑色的小轉經輪，無論下雪也好、下雨也罷，走到哪裡，都是一邊光腳放牛，一邊用轉經輪。上學時，學校紀律比較嚴，但我也在每天晚上睡覺之前，把轉經輪悄悄拿出來，慢慢地用一下。出家後，因法務比較繁忙，除了傳法上課以外，平時用的時間少一點，但還是抽空經常用。此外，我也買了好多轉經輪，只要來一個合適的客人，什麼東西都不給，就是給他轉經輪。

如今，比較普遍的是電動轉經輪，我覺得這個非常方便，只要交一點電費，白天晚上都可以轉，自然而然就積累了許多功德。

另外，手動轉經輪在使用時，我們一定要注意：務必要順時針轉，裡面的經文不能顛倒，心咒的字應完好無損，否則過失比較大。請了轉經輪之後，若有一位具相上師對其開光，加持力會更大。當然，若條件不具足、因緣不具足，沒有開光的轉經輪也可以使用。

轉經輪可以讓你心想事成

古大德說：「如果轉經輪裡面有一萬個觀音心咒，那麼轉一圈，就有相當於念了一萬遍的功德。」

藏地的人們自古以來就信仰佛教，拿轉經輪的現象非常普遍。不管你到藏地哪裡去旅遊，或者在電視上、宣傳介紹中，都可以看出藏民族對佛教的信仰，尤其是轉經輪的弘揚，遍及藏地的每個角落。

無論你去藏地的哪個寺院，都能發現大大的轉經輪，好幾個人的力量才可以旋轉。寺院的院牆上也有中等的手推轉經輪，像我們佛學院的壇城塔周圍，就有許多這樣的轉經輪。還有在每家每戶中，老年人使用轉經輪，年輕人也使用轉經輪，無論是田野裡的農夫、草原上的牧民，每個人手裡都拿著轉經輪。

藏地的家家戶戶、寺院周圍，有多少個轉經輪，大家不妨看一看。對此見、聞、憶、觸的眾生，都能直接或間接獲得解脫，這是佛經的無欺語言。

要知道，念一句觀音心咒的功德不可思議，用一次轉經輪的功德也不可思議。古大德說：「如果轉經輪裡面有一萬個觀音心咒，那麼轉一圈，就有相當於念了一萬遍的功德。」

轉經輪在行住坐臥中都可以使用，這種善法簡便易行，輕而易舉就能成辦重大的事業。如果讓你布施錢財供養僧眾，你不一定有這種能力；多年閉關修行，也有一定的困難，但如果有時間使用一下轉經輪，不需費力就能積累許多資糧。從世間的角度來講，轉經輪還可以讓人升官、發財、得名聲，在很多記載中，這方面的感應不勝枚舉。

世間和出世間的一切功德，均依賴於我們的發心和身語的力量，而身語所造的善根中，轉經輪的功德最大。我們口裡念《金剛經》、《阿彌陀經》，功德是很大；身體做磕頭、轉繞等，功德也不小，但按照佛經的教證，這些跟轉經輪的功德比起來，後者的功德遠遠超勝前者。

對我而言，不管在車裡還是家中，每天用一下轉經輪的話，心裡比較舒服。如果當天沒有用，或是忘在家裡，總有一種空蕩蕩的感覺。這種行為對我身邊的很多人，直接或間接也有一點點影響。

尤其是有人死亡時，假如實在來不及超度，或者沒有人超度，或者這個人不信佛教，那在他頭的周圍放一個轉經輪，他就根本不會墮入惡趣。我經常也這樣想：「我死的時候，不知道身邊有沒有金剛道友？如果有，我會要求他放一個轉經輪在我的枕旁。」

現在漢地有些人認為：「轉經輪是藏傳佛教的，我們沒必要去學他們的傳統。」

說這種話的人，可以說有點孤陋寡聞。實際上，漢地也有轉經輪的傳承。漢地早期的轉經輪稱為「輪藏」，是南朝梁代的傅大士發明的。《釋門正統》中說：「令虔誠者推輪藏一匝，則與看讀經藏具同等功德。」《神僧傳》亦云：「有發於菩提心者，能推輪藏，是人即與持誦諸經功德無異。」

漢地從南到北的許多古老寺院，都安置有輪藏，這種輪藏與藏地的大轉經輪沒什麼差別。既然輪藏可以推轉，手上拿轉經輪為什麼不行？沒有教理依據、對眾生有害的事，我們不去學是可以的，但對自他真正有利的行為，為什麼非要極力排斥呢？

所以，念觀音心咒、用轉經輪這些具有功德的善事，我們一定要受持。

供佛就有大福報

佛陀是一切福田中的最勝福田，若想獲得大福報，就應當精勤供養佛陀。現在雖然見不到真正的如來，但在佛像前作供養，也能獲得同樣的功德。

有些人通過虔誠供佛，出生了非常稀奇的功德。

中央電視臺曾報導過一位死後肉身不壞的「香河老人」——周鳳臣，她是一個普通的農村婦女，於一九九二年十一月二十四日逝世，世壽八十八歲。老人去世後，家人遵照她生前的交待，將遺體安放在老家的土炕上。在未經任何防腐處理的情況下，經過二十多個春秋，老人的遺體一直沒有腐爛。許多人都認為這是個謎。

實際上，周鳳臣老人是一位虔誠的佛教徒，生前她有個特別的習慣：每天早、中、晚三次供佛，一輩子從沒有間斷過。

老人晚年行走不便，就扶著窗臺、桌子，一步一挪地挨到佛前供佛。實在動不了時，就在床上燃三炷香，讓曾外孫女幫她把香獻到佛前。逢人送來水果、點心，哪怕別人給一個棗子，老人也要先供佛，然後自己再食用。歷經幾十年的風風雨雨，老人對佛的供養一直沒有中斷。

所以，積累福德並不在錢多少，關鍵是自己的心。只要有心，就有積累福德的機會。假如有些人比較貧困，沒有財物作真實供養，也可以用鮮花、淨水、藍天、白雲等美景作供養。甚至，只要心清淨，通過觀想作意幻供養，把土石等觀想成供物，也能積累巨大的福德。

從前，佛陀與阿難去化緣，途中有兩個小孩子在路邊玩耍，他們用沙土建造房屋，並指著一堆堆土說：「這是住房，這是倉庫，這是如意寶……」。當時，一個孩子遠遠看見佛陀過來了，感覺非常歡喜，於是捧了一把「如意寶」，來到佛陀面前準備供養。由於他個子太矮，搆不著佛陀，便對另一個孩子說：「你彎下腰，我想站在你身上，把『如意寶』供養給世尊。」那個孩子照他說的去做了，佛陀也將缽盂放低，孩子就把一捧沙土倒在了缽盂裡。

佛陀回過身來，將缽盂交給阿難說：「請將這些沙土調和成泥，塗在經堂的牆壁上。」然後授記道：「這個孩童以供養一捧沙土的福德，於我涅槃百年後，轉生為人間的阿育王，另一個孩童變成他的大臣，阿育王將會在人間建造八萬四千座佛塔。」

後來果真如授記的那樣，佛陀涅槃一百年後，阿育王在印度出世，他極力護持佛教，修建了八萬四千座佛塔，還在許多佛教聖地樹立了紀念石柱。

如今去印度的話，我們仍可以看到這些石柱……

右繞佛塔，功德無量

我建議：大家平時不管在哪裡看見佛堂、佛寺、佛像、佛塔，沒有很多精力和時間的話，至少也要轉三圈。

佛塔，是佛法僧三寶的所依，也是佛陀的法身，是佛陀的意所依。

但凡佛教興盛的地方，佛塔都比較多。比如在泰國，無論你到山上、城市裡，一路上佛塔隨處可見。同樣，在藏地，哪裡都可以看見白色的佛塔。

我們藏族人有種傳統：見到佛塔、寺院或出家人時，會馬上摘下帽子，雙手合掌。如果沒時間到近前頂禮，遠遠在車裡或者馬上、路上恭敬合十，這樣做功德也非常大。

轉繞佛塔有什麼功德呢？《右繞佛塔功德經》說：「一切天龍、夜叉、鬼神都會對你親近供養，而不會肆意加害。」

佛經中記載，往昔有批商人到海裡取寶，途中遇到鯨魚的危害，幾乎被它吞食時，他們大聲地念佛號，於是鯨魚閉口放過了他們。後來鯨魚轉生為人，名叫須瑞迦塔，他從小就入寺為僧，很快獲得了阿羅漢果。

那他獲得聖果的因緣是什麼呢？原來他久遠劫前曾是一隻蒼蠅，因聞到佛塔周圍的牛糞味，很幸運地繞塔一周。

我們千萬不要認為繞塔一周或禮塔一次的功德不大，因為佛塔是威力強大的聖境，稍作一點微小的善行，都足以讓自己淨罪積資。因此，當你到了有佛塔的地方，一定要轉繞，不要拍個照片就馬上離開了。

值得注意的是，在繞塔時，右繞（順時針）有興建的功德，左繞（逆時針）有毀壞的過失，所以一定要右繞。如果方向弄翻了，不但沒有功德，反而有非常大的過患。漢地大藏經中的《右繞佛塔功德經》，也廣講了右繞的功德。

一九八七年我們去五台山時，整天都在繞白塔，當時看到好多佛教徒，甚至一些出家人竟然在左繞。我們當中有一個揚意喇嘛，他每天的工作就是擋著他們。有次他拉著一個年輕女孩的手，不讓她那麼繞，但他不懂漢語，就使勁地拉著她。那個女孩嚇壞了，一直大叫：「啊！不要拉我，不要拉我！」其實那個喇嘛心很清淨，當時他六七十歲了，也不懂什麼規矩，就是在那兒擋著，叫他們不要逆轉。

不過，這幾年來，大家也慢慢懂得了這些道理。今年我去五台山時，就發現白塔周圍有很多轉經輪，每個遊客在轉繞時，都是右繞，這是非常令人欣慰的。

假如有些寺院裡實在找不到佛塔，只有高僧大德的靈塔，那他的靈塔，你也一定要轉繞。假如連靈塔也沒有，那可以轉繞寺院裡的佛像。

藏地寺院裡的佛像，大多緊貼著大殿後面，殿堂裡沒有轉繞的路。但漢地很多佛像的後面是可以過的，以佛像為所緣境進行轉繞，這個功德也不可思議。

我建議：大家平時不管在哪裡看見佛堂、佛寺、佛像、佛塔，沒有很多精力和時間的話，至少也要轉三圈。

其實這樣的轉繞，印度很多大德非常重視。在印度，有轉繞城市獲得成就的人，有轉繞聖殿獲得成就的人，也有轉繞卡薩巴挪觀音聖像而病體康復、獲得成就的人……

轉繞佛塔時要有想法

佛塔是十方諸佛菩薩身口意加持的聚合，在轉繞的過程中，觀想它發出光芒融入自身，淨除自己無始以來的一切業障。

清朝時，武昌寶通寺出了一名「摸腦和尚」，不計大病小病，只要經他手一摸，便霍然痊癒。他的手何以有此妙用呢？據說該寺有一座寶塔，他每天到塔下轉繞，用手摸著寶塔磚石，心裡默誦「大悲咒」。十多年如此，天天不間斷，故而有此威力。

青海有一座佛塔，裡面藏有赤熱巴巾國王（金剛手菩薩的化身）的頭髮。某次，我們有個很好的機會去轉繞，感覺非常殊勝。當時我在轉繞時，淚水就默默地流了下來。佛塔裡藏有聖者的珍貴頭髮，我即生中能見到這樣的佛塔，是非常有福報的！

其實，佛塔等殊勝的對境哪裡都有，只是有時候我們太愚癡了，根本不知道它的價值。

現在的寺院裡，拜佛的有，燒香的有，就是轉繞的比較少。那天我去朝拜六祖肉身，當時轉繞了很多圈，但許多人都不來轉。沒辦法，我就號召：「你們居士來跟著我轉吧！」他們就跟我一起轉，轉了幾圈，好多居士又不想轉了。他們也不是覺得轉繞沒有功德，但這個功德的殊勝性，很多人可能不是特別清楚。

其實，漢地有些大德對繞塔也是很重視的。本煥老和尚一百歲時，我曾去拜見他，他吃完飯以後說：「我們去轉佛像吧！」老人家跑得比較快，我們在後面跟著，有時候都趕不上。

轉繞佛塔時，要有一些觀想方法。比如說轉繞觀音菩薩像時，應觀想——「外」：諸佛菩薩全部融入於觀音像；「內」：傳承上師全部融入觀音像；「密」：空行本尊全部融入觀音像。然後一邊念「嗡瑪尼貝美」，一邊轉繞。轉繞的過程中，想像觀音像發出光芒融入自身，自己無始以來身口意所造的一切罪障全部淨除。

很多大德都說，轉繞佛塔時，能觀想得更廣當然可以，但不能的話，最好也要觀想這一點。比如，你今天轉一座佛塔，就想這個佛塔是十方諸佛菩薩身口意加持的聚合，在轉繞的過程中，它發光淨除自己無始以來的一切業障。

轉繞時，如果能念轉繞咒語，就應該念誦；如果不能念，念觀音心咒、百字明、金剛薩埵心咒也可以。

我轉壇城塔的時候，主要是念金剛薩埵心咒，因為自己無始以來造的罪業太多了，應當依此來清淨。每次都觀想從壇城塔裡發光，自己的一切罪業全部得以淨除。

繞完了之後，再念一些或長或短的迴向文，將功德迴向於一切眾生離苦得樂，這樣的轉繞才非常圓滿！

有信心，狗牙也是佛牙

我們在祈求諸佛菩薩時，要堅信他們就在面前，這一點很重要。倘若沒有這種信心，只是將信將疑，則很難得到真實的利益。

從前，一位老婦人與兒子相依為命。兒子經常去印度經商，母親就對他說：「你在那邊賺多少錢我不關心，這對一個老人來講不重要。但印度金剛座是釋迦牟尼佛成佛的聖地，你一定要從印度帶一個殊勝的加持品回來，讓我作為天天頂禮的對境。」

儘管母親三番五次地囑咐，但兒子並沒有特別重視，把這些話都忘在了腦後，以至於每次從印度回來都兩手空空。

一次，兒子又準備去印度。母親就開始威脅他：「如果這次你還不給我帶回一個加持品，我就死在你面前。」

母親真的不高興了。因為說了那麼多次，兒子卻始終沒有帶回一點點東西。其實，像菩提伽耶的一片樹葉，覺沃佛的一塊法衣，甚至初轉法輪之地——鹿野苑的一塊石頭，這些也可以，但是什麼都沒有。無奈之下，母親只好以死相逼。

結果兒子去印度經商期間，又忘記了母親的囑咐。回來快到家門口時，才突然想起母親的話，他心裡嘀咕：「現在該怎麼辦呢？我沒給母親帶回任何頂禮所依的加持品，這樣空手而歸，她一定會自盡身亡的。」

正在一籌莫展之際，左右環顧，他發現路邊有個狗頭，於是拔出狗牙，用五顏六色的綢緞裹好，帶回來交給母親說：「您一定要保存好！這是佛陀的牙齒，特別不容易得到，我在印度花了很長時間才弄到，希望您將它作為祈禱的對境。」

母親一點都不懷疑，將這狗牙當作了真正的佛牙，並對此生起強烈信心，經常頂禮供養。後來，狗牙降下了許多舍利。當她去世的時候，彩虹、光環等瑞相紛紛呈現。

其實，這個老婦人之所以最後成就，並非是狗牙具有加持力，否則，狗牙隨處都找得到，我們就不用去聖地拜佛了。有些人聽了這個故事，就認為：「藏地有狗牙成佛的故事，看來狗牙加持很大，以後有狗牙的話，一定要帶給父母作加持品。」我們不能從這方面理解。因為老婦人以強烈的信心認為狗牙是真正的佛牙，這樣一來，佛的加持融入到狗牙中，狗牙也就與佛牙沒有差別了。

由此可見，信心是最關鍵的因素。即使所拜的不是功德所依之物，但只要你生起真正的信心，它自然也就成了有功德者、具加持者。不僅藏傳佛教特別重視這一點，漢傳佛教也是如此。印光大師在《增廣文鈔》中說：「欲得佛法實益，須向恭敬中求。有一分恭敬，則消一分罪業，增一分福慧。」

「我的媽媽叫綠度母」

米滂仁波切說過：「末法時代，度母的加持最為靈驗。」若能經常祈禱度母，念誦她的心咒「嗡 達熱 德達熱 德熱索哈」，除了極為特殊的定業以外，可遣除修行中的一切磨難，也可避免水災、火災等天災人禍。

從前，藏地有個貧窮的小孩，從小無父無母，是個孤兒。他每當看到別的小孩有媽媽疼愛，就特別特別傷心。

他住的附近，有一尊很大的石雕綠度母像，他每天都跑去和綠度母像說話，把她想像成自己的媽媽，心情不好時就說著自己的心事，像孩子跟母親撒嬌一般，將自己的喜怒哀樂全部對綠度母像傾訴。

有一次，他被別人欺負了，特別傷心，就抱著石像大哭。綠度母像竟然動了，將他抱了起來，深深擁入自己懷中，像慈母般不斷安慰著他，並開始陪他玩耍。最後在他離開時，綠度母像取下自己脖子上的珍寶項鍊，掛在了孩子的頸上。

後來，有人看到那孩子身上有一串珍貴罕見的項鍊，就問他是從哪裡來的。
他回答：「這是我媽媽給我的。」
人們問：「你不是無父無母嗎？」
孩子說：「我媽媽就是那尊石雕綠度母呀！」
人們不信，跑去看那尊綠度母像，發現石雕上的項鍊居然不見了，也沒有任何被敲下的痕跡。
不要認為這個故事是神話傳說，日常生活中你可以試一試。如果對一條金剛結、一本書、一尊佛像有極大的信心，時時皈依頂禮，肯定所獲的加持不可思議。
具足信心的人，生命中常會得到佛菩薩的照應。

當你的生活出現障礙時，祈禱蓮師十分重要

蓮師是過去、現在、未來三世諸佛的總集，尤其在當今時代，他是降伏一切鬼神魔怨的本尊。我從小就很喜歡蓮花生大士，回想自己的修行歷程，蓮師對遣除違緣的加持非常大。

蓮師有不計其數的祈禱文，但一切祈禱文之王，就是七句祈禱文。它並不是蓮師所造，而是十方諸佛祈禱蓮師的祈禱文，表面上只有七句，但實際上，它的功德跟如意寶沒什麼差別。

《蓮花遺教‧空行母問答錄》中說：「不管你發什麼樣的願，只要祈禱蓮師，皆能如願以償。」我們在遇到困難時，自己若實在解決不了，可以念七句祈禱文，只要一心一意地祈禱，蓮師定會滿你所願。

因為蓮師曾親口承諾：「如同孩子啼哭著呼喚母親，母親必不忍心拋棄他一樣，任何人只要以恭敬心念七句祈禱文，蓮師我必會應聲降臨，時時會賜予安慰、加持。」

七句祈禱文

（藏文）

吽

歐堅耶傑呢向燦
巴瑪給薩東波拉
雅燦巧格歐哲尼
巴瑪炯內義色箚
括德喀卓芒布果
且傑吉色達哲傑
辛吉洛協夏色所
格熱巴瑪色德吽

（漢文）

吽

鄔金刹土西北隅
蓮花蕊莖之座上
稀有殊勝成就者
世稱名號蓮花生
空行眷屬眾圍繞
我隨汝尊而修持
為賜加持祈降臨
格熱巴瑪色德吽

蓮花生大士

若虔誠祈禱蓮師，可化解一切不祥，迅速成就所願。

原來我發心出家時，遇到了特別多的違緣，從種種相兆來看，似乎不能成功。於是我就抽出一段時間，專門念七句祈禱文。雖然裡面的修法不太懂，但從很多老人和上師口中得知，若以七句祈禱文祈禱蓮師，所有的心願都能如願以償，故而對它極有信心。後來，我通過特別虔誠的祈禱，終於順利出家了，許多違緣也奇跡般地消失，讓人不得不嘆服蓮師的加持。

當然，在不信佛教的人眼裡，或許認為我是故意吹捧。但通過多年的修行、祈禱，我確實再再體會到了它力量的強大。

尤其在這個末法時代，眾生成就比較慢，做事情效率特別低，想成辦一項重要的事業，始終都是違緣重重。此時若能祈禱蓮花生大士，一切願望很容易實現。

如果你對蓮師有信心，但又不會念七句祈禱文，那就多念蓮師心咒：「嗡啊吽 班匝(兒)格熱巴瑪色德吽」。

我家附近的很多上師、出家人，包括一些在家人，特別愛念蓮師心咒。以前我父親是文盲，一個字都不認識，但他每天堅持念蓮師心咒，到死之前也沒有中斷過。記得他每年發願念一百萬遍，我從小就經常問：「您今年還差多少啊？」有時候還幫他算算念珠上的數量。

念蓮師心咒的功德不可思議，不過，現在許多人的發音不同，有的念「嗡啊吽 班匝(兒)格熱巴瑪色德吽」，有的念「嗡啊吽 貝紮咕嚕貝瑪悉地吽」，很難做到真正統一。但總的來講，只要你心清淨，怎麼念都能得到加持。

我始終認為，得到諸佛菩薩的加持很重要。假如你得到了，既可以改變自己，也可以改變他人。

觀修蓮師，別的佛會不會生氣

三世諸佛在法界中本為一體，你觀想一尊佛的時候，應觀想其他佛也一併融入。這樣去觀修一位聖尊，也就觀修了所有聖尊。

常有人問：「如果我祈禱蓮花生大士，其他佛菩薩是否會不高興？我常拜的觀音菩薩會不會不歡喜？」

其實不會這樣。三世諸佛在法界中本為一體，你觀想一尊佛的時候，應觀想其他佛也一併融入。同樣，觀修蓮師也不例外，以前竹欽仁波切也說過：「觀修蓮師時，若能觀一切佛、一切上師與蓮師無別，必能獲得真實的加持。」

現在有些剛學佛的人，心裡矛盾特別多，他們好像對所有佛、所有上師都想修，覺得這個也殊勝、那個也慈悲，每一個都想「搞好關係」，不願意得罪。但在實際修行時，又始終認為佛菩薩統統要分開，不可能合為一體。

有人學了許多法門後，每天要依次修觀音菩薩、文殊菩薩、金剛薩埵、阿彌陀佛……忙得不可開交。以前我就遇到一個人，他的兩個口袋各放一條念珠，左邊的用來修白玉派的法，右邊的用來念佐欽派的灌頂密咒。對他而言，所有的佛菩薩是分開的，上師的本體也是分開的，甚至念珠也是分開的。

我還見過一個人，家裡設了兩個佛堂，顯宗的佛堂設在這邊，密宗的佛堂設在那邊，就怕不同的佛菩薩彼此「碰面」了。

這種做法大錯特錯，完全屬於凡夫的實執分別。顯密的佛菩薩本為一體。況且現在世間上，東方人和西方人都可以住在一個房間，諸佛菩薩就更不用說了。他們在一起，絕對不會打架或起衝突，所以根本不需要設兩個佛堂。若在顯宗的佛堂裡供奉蓮師，也不會給你帶來任何障礙。

當然，這樣說，並不是讓你只修蓮師，不修其他法了。就不共的緣起力而言，文殊菩薩能增加智慧，觀音菩薩能增上大悲……你有能力的話，可以廣修一切法。但千萬要記住：諸佛菩薩不要分開，你可以選擇其中的一尊，然後觀想其他的佛菩薩全部融入，與之成為無二無別。這樣去觀修一位聖尊，也就觀修了所有聖尊。

所以，修行一定要懂竅訣！

想除去負罪感，就念金剛薩埵心咒

金剛薩埵曾於往昔發願：「凡聞我名號、凡觀想我、凡念誦我心咒者，無始以來之罪業悉得清淨，若不能者，我不成佛。」

在十方無量的佛陀中，金剛薩埵是百尊之尊。

何謂百尊之尊？中陰法門裡有文武百尊，這百尊涵蓋了一切佛菩薩，而這百尊又可攝於金剛薩埵一尊。這個關係，就如同太陽與陽光，太陽可以散射無量陽光，而陽光又統統歸於太陽。所以，只要你修成了金剛薩埵，也就成就了百尊功德。

尤其是，在懺悔罪障方面，金剛薩埵有非同一般的力量。

阿彌陀佛的大願，側重於往生，令聽聞其名號者往生極樂世界。而金剛薩埵，側重於清淨罪業，他曾於往昔發願：「凡聞我名號、凡觀想我、凡念誦我心咒者，無始以來之罪業悉得清淨，若不能者，我不成佛。」如今，金剛薩埵已現前佛果，所以不論是誰，只要肯觀修，念誦金剛薩埵心咒四十萬遍，就必定能淨除一切罪業。

有些人常說：「我以前造的業太可怕了，坑蒙拐騙，無惡不作，現在有沒有懺悔的機會啊？」其實只要有信心，就一定有這種機會。

心的意念非常關鍵，不僅佛教如此承認，很多科學家也這樣認為。比如，美國有個科學家，經多年研究發現：如果用惡語去謾罵一朵鮮花，它很快就凋謝枯萎；而用愛語去讚歎它，它美麗動人，存活時間特別長。日本也有人研究發現，對同樣的水，竭力讚歎它，裡面會有蓮花狀的結晶；拼命誹謗它，結晶就現出醜惡的形狀。

所以，心的力量不可思議。只要我們真心懺悔，發誓今後不再重蹈覆轍，然後如法念誦金剛薩埵心咒，那麼，罪業再重也能得以清淨。

在念心咒的過程中，具體該如何觀想呢？

觀想你前方的虛空中雲霧繚繞，出現一朵白蓮花，蓮花上有一圓月坐墊，上面端坐著金剛薩埵：身色潔白，金剛跏趺坐，手持鈴杵，以十三種報身服飾嚴飾全身。金剛薩埵正和顏悅色地面對著你，以慈悲的眼神注視著你。你在他面前虔誠祈禱、懺悔，同時一心念誦金剛薩埵心咒「嗡班匝薩埵吽」。

念了一定數量之後，再觀想金剛薩埵發光遍布十方，繼而他化光融入自身，自己無始以來的罪業全部清淨，最後將此功德迴向一切眾生。

金剛薩埵

若想懺悔過去的一切罪業，就念金剛薩埵心咒「嗡班匝薩埵吽」。

這種修法很簡單，對甚深修法沒有基礎的人，只觀想這一點完全可以。

此外，有些人從小因受環境或教育的影響，造過很多殺生的惡業，有些可能至今還歷歷在目。為了懺悔這些，我還想給大家一點建議：

一、有條件的話，在山上林間懸掛印有金剛薩埵心咒的經旗，或印有觀音心咒的經旗。

二、多念誦金剛薩埵心咒和百字明。

三、如果你過去殺過青蛙，以後就多放青蛙；過去捕殺過一些鳥，有生之年就多放鳥。倘若你沒有太多錢，也可以勸別人放，數量上儘量超過你所殺生的數目，這是生命的一種補償。比如，你殺過兩隻狗，今生至少要放生兩隻以上。這種補償方式能否完全抵消罪業，我不敢說，但的確是一種很好的懺悔方法。

積福是不是一種執著

若想事業順利、家庭和合、身體健康，必須要積累福德；
若想修行無違緣，不誤入歧途，必須要積累福德；
若想開啟智慧，乃至開悟、成佛，必須要積累福德。

許多人對佛教的認識，經常有一種誤區，認為「學佛就要不執著善，也不執著惡，一切皆空」，進而做什麼都肆無忌憚。

其實，空執也是一種執著，而且是最可怕的執著。佛陀曾說過：寧可執著「有」大如山王，也不能執著「無」小如芥子許。

在沒有明心見性之前，我們必須要執著善的、對的，這就相當於渡河的舟船，在未到彼岸之前，不可能將它拋棄。否則，剛到河中就把船給扔了，結果會怎麼樣？相信你我都清楚。

所以，學佛務必要從取捨因果做起，切莫用「不執著」為自己造惡找藉口。同時，也千萬不要把積累資糧放下，畢竟做一點點善事的功德也不可思議。

《舊雜譬喻經》中記載：

有一次，佛陀到舍衛城乞食，來到一個女居士的家門口。這位女居士戒行圓滿，她將飲食供養到佛的缽中以後，退到一面，恭敬而住。

這時佛陀為她說法：「種一生十，種十生百，種百生千，如是生萬生億，得見諦道。」意思是，種下一，可以生長至十；種下十，可以生長至百；種下百，可以生長至千，乃至生長至萬、至億……最終便能見到真諦。

女人的丈夫不信佛法，聽了佛陀的偈頌，就說：「沙門，你太言過其實了吧，施一缽飯，能得那麼多的福嗎？」

佛問：「你從哪裡來？」

他說：「我從城中來。」

佛問：「你見到城中的尼拘類樹有多高？」

他說：「高達四十里，每年能收穫數萬斛的果實，它的種子就如芥子一樣，很小很小。」

佛說：「那要播多少種子，才能長這麼大的樹？一升嗎？」

他說：「不用不用，只一粒種子而已。」

佛說：「你也太言過其實了吧？種一芥子，就能長到四十里高，得十萬果實？」

他說：「真是這樣的。」

佛說：「大地無知，尚能成熟如是果報，更何況以歡喜心供養佛陀一缽飯了？這個福德，是無法衡量的。」

這樣一說，夫婦二人心開意解，當下獲得聖果。

現在有些人對積累福德，持不屑一顧的態度，口口聲聲說：「一切都是空性，求福德幹什麼？這是一種執著！」

如果你真有那麼高的境界，倒也可以。但一切皆空的話，你不修善、不求福，同樣也可以不吃飯、不賺錢，可你平時又是怎樣的呢？

有些人喜歡走極端：要麼認為一切皆空，什麼都沒有，故沒必要積累福德；要麼對空性一無所知，認為一切都實有不變，進而生起千般執著，招致萬般痛苦。這兩種行為都是誤區。

要知道，萬法雖然皆空，但因緣是不滅的，我們還是要積如幻的福，滅如幻的罪，才能斷如幻的痛苦，得如幻的解脫。漢地的蕅益大師也說過：「以如幻根，緣如幻佛，滅如幻罪，生如幻福。」

假如你真正懂得了積福的必要，哪怕已證悟空性，甚至獲得了佛果，也仍不會放棄行善積福。

往昔，佛陀的弟子阿那律尊者雙目失明，衣服破了也沒辦法補，於是他大喊：「誰求福德？來幫我縫衣服吧。」

這時佛陀來到他面前，告訴他：「我希求福德，我幫你補衣服。」一聽是佛陀的聲音，他嚇壞了，連忙說：「佛陀！我不是說您，說的是其他人。」

佛陀回答：「為什麼我不能做？成佛後也不能停止積福，福德愈多愈好。」

圓滿如佛陀，尚且如此重視福德，更何況是我們凡夫人了？所以，不管你的境界如何高深，為了自利利他，從現在起也一定要廣積福德。

怎麼積福呢？就是要多行持善法，處處為他眾著想。

06

孝順父母的智慧

要知道，在這個世界上，從世俗角度而言，比父母更重要的事情是沒有的。

父母之恩，深似大海、高如須彌

即使老母年過一百歲，也會時時掛念八十歲的兒子：「他在外面身體好不好？吃得飽，穿得暖嗎？會不會遇到什麼困難？……」除非她撒手西去、離開人間，否則，再老、再病都不會斷盡這份恩愛。

父母對子女的愛，可以說感天動地，即便在動物界也不例外。

有一次，一位動物標本製作師在熱帶森林採集標本，突然遇到一隻金錢豹，他連忙向牠開了一槍，結果沒打中。被激怒的豹子瘋狂地將他撲倒，經過一番殊死肉搏，他終於制伏了豹子，豹子軟綿綿地癱倒在地。

當時，他以為豹子已經死了，於是走到一棵樹下包紮傷口。回來看時，豹子不翼而飛，草地上只剩下一條長長的血帶。他沿著斑斑血跡前去尋找，最後在一個樹洞口看見了奄奄一息的母豹，於是他又向牠補了一槍。母豹不動了，他小心地走近，竟然發現兩隻豹崽正依偎在母豹懷裡起勁地吮吸著乳頭。原來，母豹在彌留之際，仍然惦記著孩子，之所以堅持爬這麼遠，就是為了給孩子餵奶。看到這一幕，他的眼眶濕潤了。

還有一個故事：有兩位獵人正準備向一隻母猴開槍，突然，絕望的母猴做了一個手勢，意為：先不要開槍，讓我給孩子餵奶。趁獵人猶豫的機會，母猴先給兩隻小猴餵飽了，然後摘下樹葉，將奶水一滴滴地擠在葉子上，擱在小猴的身邊。最後牠蒙著臉，意思很明顯：可以開槍了。獵人被感動了，終於放下了手中的獵槍。

鱔魚護卵的故事大家知道吧：在古代，有一個人在鍋裡煮鱔魚，但那鱔魚的身體始終向上弓起，只有頭部和尾巴浸泡在煮沸的湯裡，整個腹部都露在沸湯之外。那人感到很奇怪，於是剖開鱔魚的肚子，結果發現裡面有很多魚卵。原來母鱔魚至死保持這種姿勢，就是為了保護肚中的魚卵。

在動物界，這類可歌可泣的故事非常多，而作為情志超過動物的人類，父母愛護孩子的那片心，就更是令人動容了。

佛陀在經中曾這樣形容：「母年一百歲，長憂八十兒，欲知恩愛斷，命盡始分離。」意思是，即使老母年過一百歲，也會時時掛念八十歲的兒子：「他在外面身體好不好？吃得飽，穿得暖嗎？會不會遇到什麼困難？……」除非她撒手西去、離開人間，否則，再老、再病都不會斷盡這份恩愛。

從前，有個不孝子，想把年邁的母親背去山林扔掉。他一路走，母親趴在他的背上，一路費勁地用樹枝做標記。為了防止母親沿著標記回來，他專挑彎曲偏僻的羊腸小徑，把自己累得渾身是汗。最後，他實在走不動了，就把母親往地上一扔，狠狠地說：「走了這麼遠，看你還怎麼回去！」

母親低聲說：「我做標記不是想自己回去，是怕你迷路。」

這，就是父母對子女的愛。

尊敬長輩，連動物也懂

對年輕人來說，恭敬長輩就是在積累福德，凌辱長輩就是在損耗福德。

久遠之前，在一個森林中生活著羊角鳥、山兔、猴子、大象，它們和睦相處，過著快樂的生活。一天，四隻動物商議：「我們應該恭敬最年長者。」為了分出誰長誰幼，牠們便以一棵樹為參照進行比較。

大象首先發言：「我小時候就見過這棵樹，當時它和我現在一樣高。」

猴子緊接著說：「當我小的時候，這棵樹就和我現在的身體同樣高。」

山兔接過話說：「我小時候，這棵樹只有兩片嫩葉，我還舔過這葉子上的露水。」

羊角鳥最後說：「我以前吃過一棵樹的種子，在這裡撒下不淨糞，後來樹就從中長了出來。」

四隻動物遂排出了長幼順序：最小的是大象，之後是猴子，再後是山兔，年齡最大的是羊角鳥。

自此以後，四隻動物無論做什麼事，都按照長幼順序次第相偕。每當途經艱險難行之處，大象身上蹲立猴子，猴子肩扛山兔，山兔頭頂羊角鳥。

後來，四隻動物又發誓共同持戒行善，在牠們的帶動下，森林中的動物、乃至整個國家的人，也都開始持戒行善。

這四隻動物就是「和氣四瑞」。當時的羊角鳥就是後來的釋迦牟尼佛，山兔是舍利子，猴子是目犍連，大象是阿難。

所以，有智慧的人應當尊敬長輩。與年輕人相比，老年人具有許多功德，若能對其恭敬承事，虛心聽取他們的意見，自己便可避免走很多彎路，人生也會增上吉祥。

佛陀告訴我們：人的一切快樂，
都是從利益他人中產生的；一切痛苦，
都是由只為自己而引起的。
你若能明白這一點，並試著去慢慢改變，
其實得到幸福很快，並且很長久。

不要指使父母為自己做事

有些人覺得：自己明明是好人，但為什麼很多事情都不順？其實，你不一定是好人，認真觀察自己，不要說其他的不善業，單單頤指氣使父母的罪業，你造過多少呢？有這樣的罪業，做事能順利嗎？

現在有些子女，成天讓父母買菜、洗衣服、帶孩子、打掃衛生，把父親當做傭人，把母親當做保姆。尤其是很多年輕人，因為是獨生子，從小被慣壞了，覺得父母為自己操勞理所應當，甚至父母已是白髮蒼蒼、滿面皺紋了，還指使他們幹這幹那。

有的人不想做飯，就說一些好聽的話：「媽，我特別愛吃您做的飯，給我做一頓吧。」明明是自己能做的事，卻想方設法推給父母，這是非常不合理的。

從前，有母女二人各揹著一桶酸奶趕路。女兒不願意背酸奶，就欺騙母親說：「媽，您揹著桶先走吧，我要去方便一下。」女兒故意在後面慢慢吞吞，就這樣，在很遠的一段路途中，母親一直揹著兩桶酸奶彎腰行走。

這個女兒的後世，就是釋迦美女耶輸陀羅，以此果報，她懷孕居然長達六年之久，生產時也痛苦萬分。

父母是非常嚴厲的對境，對父母必須要孝順的傳統思想，無論時代如何發展，都萬萬不能捨棄，而且，務必要讓下一代懂得。

北京曾有個十歲的小學生，母親生病了，他一直在悉心照顧，就連最麻煩的一些護理，也是他親自在做。

很多人問他：「為什麼你能這樣？」

他說：「老師講《弟子規》時，說『晝夜侍，不離床』，所以母親生病時，我要盡心盡力地照顧。」

前幾年我也講過《弟子規》，並勸請外面的佛友學習。剛開始有人不太理解，問我：「為什麼您要講《弟子規》？這是我們漢族的傳統論典，您就是不講，我們也懂。」

可是學了之後，不少人就開始流淚了，覺得父母的恩德確實很大，以前自己不孝順他們，反而讓他們受了很多苦，現在想回報父母的恩德，但他們早已不在人世了。

在古代，漢地非常推崇「百善孝為先」，對忤逆不孝者極為呵斥。可現在的有些學校，培養學生只盯著分數看，對他們的道德修養並不重視，這實在是當前教育最大的缺憾。

愛因斯坦曾說：「教育，就是當一個人把在學校所學全部忘光之後剩下的東西。」

美國總統小布希的母親也說過，做父母的要送給孩子三件最有價值的東西：一是良好的教育；二是樹立一個好榜樣；三是給他世上所有的愛。

可見，教育不單單是知識的累積，更需要心靈的教育、愛的教育、孝的教育。如果沒有這個，教育就喪失了它的靈魂。

有些人覺得：自己明明是好人，但為什麼很多事情都不順？其實，你不一定是好人，認真觀察自己，不要說其他的不善業，單單頤指氣使父母的罪業，你造過多少呢？有這樣的罪業，做事能順利嗎？

如何對待父母，我們每個人都要好好觀察一下自己！

不恭敬父母，佛也曾遭報應

對子女而言，再沒有比虐待父母更嚴重的罪業了。

《雜寶藏經》中記載，昔日佛陀在王舍城時，給比丘們說：「對於大恩父母，作一點點供養，獲福會無量無邊；作一點點忤逆，獲罪也是無量無邊。」

比丘們問：「這罪福之報是怎樣的呢？」佛陀就講了一個公案：

久遠以前，波羅奈國有一位長者，他的兒子叫慈童女。長者很早就去世了，慈童女被母親辛辛苦苦帶大。長大之後，家裡的錢財用光了，他就出去賣木柴為生，開始時一天可以賺到兩個錢，慢慢又賺到四個錢、八個錢、十六個錢。每次賺來的錢，他都全部交給母親。

許多人見他很聰明，就說：「你父親在時，經常入海尋寶，你為什麼不也這樣呢？」

慈童女聽後，就問母親：「父親能夠入海尋寶，我為什麼不能呢？」

母親見他非常孝順，應該不會離自己而去，就開玩笑道：「你也可以去啊！」

得到母親的允諾，慈童女便打定主意，尋找旅伴，鄭重向母親告辭。母親大驚，說：「我只有你這麼一個孩子，入海尋寶太過兇險，你的祖輩都有去無回。除非我死了，否則，怎能放你走呢？」

慈童女執意不聽，說：「如果您當初不允許，我自然不敢打這個主意。但母親已經准許了我，為什麼又阻攔呢？我現在非去不可！」

母親見他去意已決，一邊哭一邊拽著他的腳，不讓他離開。但慈童女掰開母親的手，把腳抽出來，在此過程中，扯斷了母親數十根頭髮。母親害怕孩子獲不孝之報，只好放手。

他和夥伴一起入海了。但取得寶物返回後，卻與大家失散了，只好獨自一人四處漂泊。在流浪的過程中，因為業力牽引，他看到一座鐵城，於是歡喜地走進去，結果發現這竟是孤獨地獄。

他見到一個人頭上旋轉著巨大的燃火鐵輪，白色的腦漿四處噴射。他就問那人：「你到底造了什麼業，要感受如此痛苦？」那人說：「我以前損害過母親，所以感得這樣的果報。」

慈童女想起自己也損害過母親，剛生此念，頃刻間燃火鐵輪便落到他頭上，他也如同那個人一樣腦漿飛濺。在這個時候，他想到：「輪迴中還有許多像我一樣因損害母親而感受此苦的眾生，願他們的痛苦，都成熟在我的身上，由我一人來代受吧！」

此念剛起，鐵輪便騰空而去，當下他就從痛苦中解脫了出來。

這個慈童女是誰呢？就是釋迦牟尼佛的前世。看了佛陀在往昔的遭遇，我們應該知道忤逆父母的過失有多麼嚴重了吧！

父母需要你時，你在哪裡

要知道，在這個世界上，從世俗角度而言，比父母更重要的事情是沒有的。

在古代，兒女孝順父母天經地義，可如今，子女在病榻前照顧重病的父母，常常被新聞媒體廣泛宣揚，覺得這種行為比較特殊。其實，父母生病時，子女陪著他們吊點滴、打針、拿藥是理所當然的。但有些人父母住院了就雇人看護，自己什麼也不管，整天說「我工作特別忙」……

要知道，在這個世界上，從世俗角度而言，比父母更重要的事情是沒有的。想想你以前生病時，父母是怎麼照顧的？他們心急如焚，半夜把你揹到醫院，衣不解帶地看護你，現在他們生病了，你能做到嗎？

古人不像我們，就算貴為皇帝，他們對父母也會細心服侍。漢文帝劉恆的母親生病了，他一直在她身邊照顧。藥煎好時，他總是自己先嘗一下燙不燙，不燙了再端給母親。母親病了三年，他就三年中沒有離開。

我小的時候，有一次半夜生了重病，母親抱著我連夜翻過很多山，跌跌撞撞走了幾十里路去縣城找醫生。換成平時，她晚上根本不敢過森林，但為了救我的小命，她什麼也不顧了。

想到母親的恩德，我有時感到很慚愧，自己沒有為她做很多事情，也沒有很多時間陪在她身邊。母親平時如果生病，或者需要做些事情，我因為實在很忙，確實也做不了什麼，只有上課前抽空去看看她，哪怕有時只有短短幾分鐘，她也覺得是一種安慰。

雖然母親一個字不認識，但能背誦《極樂願文》、《普賢行願品》、《度母贊》等，在我小的時候，她就教給我了。所以我始終覺得：一個不識字的人，光憑記憶就能記下這些，是不容易的。

老年人的心，跟年輕人的完全不同，他們非常脆弱，親人偶爾說話重了一點，對他們的刺激會相當大；而簡單的一句安慰話，卻會讓他們開心很久。

如何關心父母，特別是當他們生病了，需要照顧、安慰的時候？我們應該好好想一想。

絕對不敢輕視老年人

「什麼是最大的財富？什麼是最大的快樂？什麼是第一美味？什麼最為長壽？」

「信用是最大的財富；修正法是最大的快樂；誠實語是第一美味；法身慧命最為長壽。」

《雜寶藏經》中講過這樣一個故事：

往昔，印度波羅奈國流傳著一個陋習：當父母年老時，就將他們活埋，以節省食糧來養活子息。時間一久，竟成了這個國家的法律。

有個大臣非常孝順，對這條法律實在不能認同，總希望有一天能夠改正它。後來這個大臣的父親老了，他便偷偷在地下建了一座密室，將父親藏在裡面，每天以上好的飲食供養父親。他這份孝心，感動了天神現身前來相助。

天神手中拿了一卷紙，來到波羅奈國王的面前，對他說：「這張紙上有四個問題，如果七日內能解答出來，我就擁護你和你的國家；如果答不出來，我就把你的頭劈成七塊！」說完，就立刻消失了。

國王緊急召集群臣共同商議，然而，大家望著紙上的四個難題，絞盡腦汁還是束手無策。隨著期限一天天逼近，國王急如熱鍋上的螞蟻，於是他將問題昭告天下，凡是能夠找到答案的人，就能得到最大的獎勵——不論有什麼要求，國王都會答應。

天神到底給了國王什麼難題呢？「什麼是最大的財富？什麼是最大的快樂？什麼是第一美味？什麼最為長壽？」

大臣見到這四個問題，立即跑回家詢問密室中的父親。果然，父親一一給了圓滿的答案：「信用是最大的財富；修正法是最大的快樂；誠實語是第一美味；法身慧命最為長壽。」

大臣將答案告訴國王，國王順利通過了天神的考驗。國王高興極了，便問他：「這些答案是你自己想的嗎？還是誰教你的呢？」

大臣坦白道：「請大王饒恕，我違反了國法，把父親私藏在家中，是他回答這四個問題的。」接著他又說：「既然您得到了想要的答案，我別無所求，只希望大王能廢除『活埋年老父母』這條法律。」

國王聽後深受感動，不僅廢除了這條法律，還另加了一條：「凡是不孝順父母的人，將治以重罪。」

所以，人老了，千萬不能認為他們就糊塗了，什麼事情都不跟他們商量。老人有豐富的人生閱歷，思想比較成熟，有些老人還有佛法的修證境界，因此，我們一定不能輕視老年人。藏地有句俗話說：「老年人是個寶，如果某地老年人多，說明那個地方有福氣。」

聽老人言沒錯

心思太多，瑣事也會隨之增多；瑣事一多，最後大多不能善始善終；若不能善始善終，則不但於己有害，也會招致別人的嘲笑。所以，不要讓心思和瑣事太多，是我的忠告。

年輕人教育老年人不合情理，但老一輩教誨下一輩卻應當應分。藏地著名大德土觀•洛桑卻吉尼瑪，為了利益年輕人，曾寫過一篇《世間規之忠言》。我特將此翻譯出來，與大家分享：

1.心地正直固然很好，但如果過於正直，在此污濁不堪的末法時代，就會像乞討者的猴子般被人戲弄。因此，把握好正直的尺度，是我的忠告。

2.能說會道、能言善辯固然很好，但如果何時何地都口無遮攔，滔滔不絕地誇誇其談，那自己內在的一切，就會被別人一覽無遺。因此，把握好說話的分寸，是我的忠告。

3.韜光養晦、大智若愚固然很好，但如果過於保持緘默，任誰都不知道自己內在的智慧，就會像暗暗湧動、卻不為人知的甘泉般不起作用。因此，把握好外顯與內斂的尺度，是我的忠告。

4. 雖然世人都說嫉惡如仇很好，但如果經常無緣無故地發起強烈的無名火，就會像看門狗一樣，與所有人結仇。因此，不要輕易動怒，是我的忠告。

5. 嘴甜心善固然很好，但在這個好人不受待見、壞人稱王稱霸的時代，過分善良軟弱卻會被人蔑視與欺辱。因此，掌握好軟弱與強硬的分寸，是我的忠告。

6. 不貪錢財固然很好，但在這個不名一文的乞丐會遭所有人唾棄、大戶人家的走狗卻被奉為上賓的時代，適當地積攢一些財物，是我的忠告。

7. 短斤少兩、不講誠信的奸商行為，會攪得整個國家都不得安寧。擯棄貪求暴利、實則無義之不良經營方式，君子積財，取之以道，是我的忠告。

8. 善於理財固然很好，但如果一毛不拔、吝嗇成性，就會眾叛親離、於己不利，像守護寶藏的餓鬼一般孤立無援。因此，掌握好積財與施捨的尺度，是我的忠告。

9. 朋友眾多、交際廣泛固然很好，但秉性惡劣的朋友卻會把自己引向邪路，最終毀壞自他，以致雙雙墜入洪流般的險境。因此，交往的朋友不要搞錯，是我的忠告。

10. 無喜無憂、心態如如不動的人雖然很少，但若過於喜怒無常，就會遭人輕視、唾棄，以致失卻友伴。因此，保持心境的相對穩定，是我的忠告。

11. 如果對信任、投靠自己的親友，都暗中算計，毫無憐憫之心，像野狗一樣不知好歹，這種對投靠者都敢欺哄嚇詐的人，就是所謂的無愧者。因此，知恥有愧、值得信賴，是我的忠告。

12. 當面吹捧讚歎、阿諛奉承，背後說三道四、指責過失，當面一套背後一套，一張嘴巴吐出兩根舌頭，就像毒蛇一樣可惡。因此，人前人後都不要說得太多，是我的忠告。

13. 凡事都唯唯諾諾、點頭稱是，事後也言出必行的人十分罕見。答應得越爽快，就越容易棄之腦後或拒不執行。所以，不要隨便相信那些輕易承諾的人，是我的忠告。

14. 心思太多，瑣事也會隨之增多；瑣事一多，最後大多不能善始善終；若不能善始善終，則不但於己有害，也會招致別人的嘲笑。所以，不要讓心思和瑣事太多，是我的忠告。

15. 受到眾人恭敬時，要把握住自己；遭到眾人排擠時，也要奮發自強。獨立自主，是我的忠告。

以上內容，是關於世間法的部分。關於佛法的內容，將在別處宣說。無論是否有人聽從，以上所述，都是本人以利他之心而寫成的。

願吉祥！

最大的孝順是讓父母不再怕死

很多人為了報答父母，拼命地賺錢，希望父母晚年過得好一點。其實，孝順不僅是讓老人衣食無憂，享受天倫之樂，更要幫他們打消對死亡的恐懼。

藏地流傳著這樣一個故事：

從前，有個不識字的老木匠，妻子早已過世，他和孝順的女兒相依為命。

一天，女兒遇到一群雲遊的喇嘛，為首的喇嘛為她開示了阿彌陀佛和極樂世界的功德，激發了她死後往生那裡的心願。從那天起，女兒不停地祈禱阿彌陀佛，心靈上得到了前所未有的滿足和平靜。

後來，老木匠的身體變得很衰弱，已經無法工作了。女兒告訴父親：「您應發願往生西方極樂淨土，那兒沒有痛苦和煩惱。當死神召喚您離開這個世界時，您就可以到達那永遠的喜悅和寧靜之處！」但是她至誠的懇求並不被父親接受。

女兒暗自思忖：「阿彌陀佛發願要接引任何一位憶念他的眾生。我確信死後將能往生淨土，但我該如何幫助父親，將他的心也繫念在那裡呢？」在向阿彌陀佛祈求後，她冥思苦想，終於想出一個妙計。

她對父親說：「有一位叫阿彌陀佛的喇嘛，住在太陽落山的那邊，想請您幫他設計一座壯麗的宮殿，還要您親自去監工。您可以滿足他的請求嗎？」

老木匠驕傲地回答：「女兒啊，你看見我推卸過任何一項建築工程嗎？不論它是大是小，我一定會設計好，然後親自監督完工。」

女兒非常高興，知道從那刻起，父親只會一心想著阿彌陀佛的宮殿。接下來，她告訴父親要專注於阿彌陀佛，還有他極樂世界宮殿所需要的一切事情……

由於女兒的善巧引導，一開始對極樂世界沒有信心的老木匠，因為日日夜夜的掛念，時時刻刻惦記著要去那兒，最終也被阿彌陀佛接引到了他的樂土。

所以，有智慧的人能夠運用各種方便，讓身邊的人不知不覺地行持善法。

比如，如今漢地許多人喜歡練瑜伽，倘若你有能力，可以開一個瑜伽館，牆上掛一幅阿彌陀佛像，要求學員首先觀想、祈禱這位「瑜伽祖師」，並把頂禮編排進瑜伽動作。這樣，許多人在練瑜伽時，順便也會積累許多功德。

其實，放眼周圍，不少人就像那個老木匠一樣，非常執著自己的工作和感情。如果他們能以這種精進來憶念善法，毫無疑問定會解脫。古大德曾說：「佛念若如情念，則成佛有餘。」法王如意寶也常說：「如果像思念戀人一樣思念阿彌陀佛，朝如斯、夕如斯，此人決定能往生極樂世界。」

07 佛是這樣關懷臨終者的

當今時代，人們對臨終者的關懷遠遠不夠。如果誰家生了個寶寶，全家人有一套嫻熟的「育兒經」；可是家裡有位老人瀕臨死亡，許多人只有哀傷、無助，想幫他卻不知從何做起。

再放不下就晚了

人在臨死之際，心識的力量比平時更強，此時若對一些人事物捨不得、放不下，那麼後果將極為悲慘。

生命，充滿了詩情畫意，卻又變幻莫測。人們在活得有滋有味的當下，死亡隨時可能不期而至。關於如何面對死亡，不少人一直採取迴避的態度，似乎只要不去想、不去提，它就永遠不會降臨。可是由於缺乏充分的準備，一旦自己或親友死亡，他們又往往手足無措，根本不知道該如何面對。

與之相比，藏族幾乎每一個老年人，都是臨終關懷方面的專家。他們從小就被訓練如何面對死亡，許多人依照蓮師等大德的教言實修，早已將死亡作為脫離肉身、躍往解脫的一種契機。與其他人臨終時只能求助於醫生的境況相比，這不能不說是一種幸運。

在藏地，有些大德修行已達到一定境界，獲得了生死自在，想走就走，想留就留，對死亡十分有把握。但對一般人來說，假如生前沒有修行，對死亡沒有把握，那麼，當人生帷幕落下之時，就需要提前做一些準備。

人在臨死之際，心識的力量比平時更強，此時若對一些人事物捨不得、放不下，那麼後果將極為悲慘。

《極樂願文大疏》中講過，有個比丘臨死時，捨不得自己的缽盂，來世轉生為一條毒蛇，專門守護這個缽盂；有個人在死的時候，貪執一顆精美的松耳石，死後就投生為青蛙，四肢緊緊抱著那顆松耳石不放。

所以，臨終前首先要儘量斷除對世間的一切執著，把所有財產處理妥當，內心應當這樣思維：「我只剩下一口氣了，縱然全世界都變成了黃金，對我也沒有任何意義，也帶不走一分一釐……」如此反復思量，便不會對身外之物貪戀不捨。

接著，趁著神智還比較清醒，應猛烈地發願：「死相已經現前，我必死無疑，但願我在中陰時憶念起菩提心，永遠不要離開菩提心！」以此誓願的引發力，至少也能在中陰時生起菩提心，這對往生淨土或投生善趣極有幫助。

然後，全心全意地祈禱阿彌陀佛，發願往生，這一點極為關鍵！全知米滂仁波切曾說：「在臨死或中陰時，只要不忘憶念阿彌陀佛，僅以此也能往生極樂剎土。」

當然，每一尊佛的加持都不可思議，但在接引亡者方面，由於往昔的發願不同，阿彌陀佛有與眾不同的能力，所以，此時口誦或默念「阿彌陀佛」，對亡者最為適宜。法王如意寶也講過：「在臨終時，不能一會兒想寶髻佛，一會兒想藥師佛……雖然每尊佛都無比殊勝，但如果想得太多，則很難一心專注，這反而對解脫不利。」

一個人在臨終時，身體雖然衰敗了，心的力量卻是無窮的，若能努力念一句佛號，乃至對佛合一次掌，所帶來的利益也無法估量；哪怕在臨終的一剎那醒悟，也可能會踏上通往極樂淨土的光明大道。

念「阿彌陀佛」，老少咸宜

法王如意寶說：「念佛時，應像年輕人談戀愛日夜想著對方一樣，要一直想著往生極樂世界、想著阿彌陀佛的功德。若能如此，決定可以往生。」

印光大師講過：「念佛一法，約有四種，所謂持名、觀像、觀想、實相。就四法中，唯持名一法，攝機最普，下手最易，不致或起魔事。」

實相念佛，即念阿彌陀佛法性之身；觀想念佛，即觀想阿彌陀佛的相好；觀像念佛，是依唐卡或佛像而觀；持名念佛，是念阿彌陀佛名號。

大師認為，在這四種念佛中，持名念佛操作起來很容易，即使沒有文化的人，也可得到利益。

漢地有這樣一則公案：

諦閑法師小時候有一玩伴，此人長大後一直做鍋漏匠，在四十來歲時，他覺得人生很苦，就在諦閑法師座下出家了。

因為沒有文化，再加上人老了，他也做不了什麼，於是諦閑法師給他找了一座廢棄的小廟，並安排好居士給他燒飯。法師對他說：「你就念一句佛號，念累了就休息，休息好了再念……這樣一直念下去，將來一定會有好處。」

這個人也很聽話，三年沒有出廟門，一直專心念佛。

有一天，他離開寺廟，到城裡去看親戚朋友。晚上回來後，跟燒飯的老居士說：「明天你不要替我燒飯了。」

老居士想：「師父三年都沒出門，今天出去看朋友，大概明天有人請吃飯，所以叫我不要燒飯。」

第二天吃過午飯後，老居士到廟裡去看師父，結果發現他在窗邊站著往生了。

這個人從未學過淨土經典，也不會觀想，但由於非常有信心，最終也得到了生死自在的境界。

小時候，我就發現，有些人連佛菩薩的像都分不清楚，比如二十一度母，由於每一尊度母的身相、手印都不同，所以很難認得出來。像我父親，釋迦牟尼佛和阿彌陀佛也分不清，本來釋迦牟尼佛是單手托缽，阿彌陀佛是雙手托缽，他卻經常搞混。但是，由於他平時對極樂世界很有信心，臨終時也是在念佛聲中去世的。從臨終的表現來看，他可能往生淨土了。同樣，別的老人去世時這種現象也不在少數。

佛陀說：「智慧不高但有誠摯信心的人，很容易成就，很容易往生。」

極樂世界要經常想

我們若無法直接觀想極樂世界，可以反覆看極樂世界的唐卡，然後在心裡再三憶念。

藏地和漢地有許多極樂世界的唐卡畫像，雖然不盡相同，但很多都是高僧大德雲遊極樂剎土後以智慧抉擇的，所以，無論觀想哪種都可以。

藏地開「極樂法會」時，為什麼要掛一幅極樂世界的巨大唐卡？就是讓有緣人依之觀想極樂世界。

同樣，我們平時在念佛時，也應先看一下唐卡上的阿彌陀佛，然後於心中再再觀想他的莊嚴。剛開始的時候，要觀得了了分明非常困難。可能觀想阿彌陀佛的左手時，右手就忘了；觀想佛陀的三衣時，金剛跏趺坐就忘了，甚至連其中一部分也很難觀清楚。

曾有個人觀修阿彌陀佛，一段時間後，跑去上師面前哭訴：「上師啊，我在觀想阿彌陀佛時，觀上半身時，下半身就忘了；觀右邊時，左邊就忘了……每天都這樣追著佛的身體觀，太痛苦了！我實在修不下去了。」

上師說：「那你就不用一一觀嘛，只要憶念阿彌陀佛安住在你面前，就可以了。」

當然，假如你連這樣也觀不來，還可以憶念：「西方有一個極樂世界，那裡有阿彌陀佛，以及觀音菩薩、大勢至菩薩等眷屬，他們正用慈悲的眼光注視著我，我死後要立即往生極樂世界！」

如是一心專注，以堅定信心憶念極樂世界，並持誦阿彌陀佛名號，具足善根者僅依此也能往生。

睡覺時要吉祥臥

當你結束了一天的忙碌之後，晚上入睡時，姿勢應像佛陀涅槃時的吉祥臥一樣：右臥而眠，以足壓足，右手墊在右臉頰下，左手平放在左腿上。以這種臥式入睡，即使突然離開人間，也不會墮入惡趣中。

吉祥臥，與醫學上的正確睡姿是吻合的。現代醫學認為：正確的睡覺姿勢，應該是向右側臥，微曲雙腿。這樣，心臟處於高位，不受壓迫；肝臟處於低位，供血較好，有利新陳代謝；胃內食物借重力作用，朝十二指腸推進，可促進消化吸收。同時，全身處於放鬆狀態，呼吸勻和，心跳減慢，大腦、心、肺、胃腸、肌肉、骨骼得到充分的休息和氧氣供給。

而在佛教中，據有關論典記載，吉祥臥有四種功德：

第一、身體不會產生不適當的念頭和行為；第二、就像百獸之王獅子一樣，不會失去正知正念；第三、不會入於深度昏沉，能時刻保持警覺；第四、不起惡夢，經常做吉祥之夢。

假如我們看到有人臨近死亡，也應勸他們擺成這種臥式。倘若有能力觀想，還應讓他們觀修慈悲心，通過呼吸修持自他相換；即使沒有能力，以這種臥式迎接死亡，就算業力再深重、罪業再大，也不會墮入惡趣。

每天在入睡之前，除了吉祥臥以外，還有四點需要注意：

一、正念想：從開始睡一直到睡著之前，始終要把心拴在善法的柱子上。龍猛菩薩說過：「安樂中入睡，會在安樂中醒來。心地安樂，夢境也安樂。」

以前我在讀小學時，住在一個老喇嘛家。我們每天吃完晚飯後，他蓋上法衣，把油燈吹熄了，就一直念「嗡瑪尼貝美吽，嗡瑪尼貝美吽……」，逐漸逐漸睡著了，聲音就沒有了。第二天一早醒來，他的聲音先是特別渾濁，嗡嗡嗡聽不清楚，後來慢慢地，聽清是在念百字明：「嗡班匝薩多薩瑪雅，瑪努巴拉雅，班匝薩多迪諾巴，迪叉哲卓美巴瓦……」一直念到吃早飯之前，這種習慣從來沒有間斷過。

這些孩童時代的教育，對我一生的影響非常大。儘管自己沒有那麼精進，但始終都覺得這個很需要、很重要。

二、正知想：在正知中入眠，儘量不產生一些煩惱。

三、光明想：臨睡之前，觀想釋迦牟尼佛或阿彌陀佛等佛菩薩，發光照亮自己的周圍，在這樣的境界中入睡。即使做不到這樣，也應臨睡時在佛像前磕三個頭，這一點最好不要忘。

另外，平時出門也應帶著佛像或唐卡。同時，每天最好還能觀想一下佛陀，即使你不會修什麼法，在面前擺上釋迦牟尼佛、阿彌陀佛的像，看一看觀一觀，好好地懺悔，好好地念經，這也是一種修行。這種修行誰都會，若能長期如此，所得的利益無法言表。

四、早起想：我們睡前不要想：「明天是星期天，睡到下午也沒關係。」如果真的這樣想，就很可能一直睡到第二天下午。假如在臨睡前想「明天應該早一點起來」，心的力量不可思議，一定可以早起的。

這些竅訣對調心有極大幫助，大家務必要經常練習！

「生前擁有再多的財產，都比不上死後的一句觀音心咒」

具體要怎麼做才能消除死亡的恐怖呢？對普通人而言，除了平時要經常念佛，為死亡多做準備以外，臨終之時，他人的助念和超度也必不可少，有了這樣的助緣，解脫的希望會大大增強。藏地也有這種說法：「生前擁有再多的財產，都比不上死後的一句觀音心咒。」

近幾年來，在西方，臨終關懷日益成為人們關注的課題。

那木達司曾於一九七三年創辦了臨終關懷機構，為癌症、愛滋病晚期患者提供服務。一次他前往舊金山，為即將死去的布魯斯，傳授自己從《西藏度亡經》中獲得的教言：「不要逃避痛苦，坦承你的過錯，學會寧靜和安詳，慢慢地認知心的本來光明……」在這段經文的引導下，布魯斯因痛苦而扭曲的臉，逐漸緩和下來，在安詳中緩緩而去……

這樣的臨終引導，對亡人來講至關重要。因為在死亡到來之際，一個人若有太大的恐慌，必定會障礙解脫。故漢地的一些法師說，理應心態平靜地迎接死亡，把死亡當成出獄、再生、畢業、搬家、換衣、新陳代謝，以此遣除對死亡的過分恐懼。

那麼，具體要怎麼做才能消除死亡的恐怖呢？對普通人而言，除了平時要經常念佛，為死亡多做準備以外，臨終之時，他人的助念和超度也必不可少，有了這樣的助緣，解脫的希望會大大增強。藏地也有這種說法：「生前擁有再多的財產，都比不上死後的一句觀音心咒。」

尤其是死亡之際，身體四大紊亂，心識也非常迷亂，人沒有自在的能力，單憑一己之力很難度過難關。縱然平時修行不錯，往往也難以將此轉為道用，這時候，他人的助念就顯得尤為重要。

印光大師也說過：「臨終助念，猶如懦夫上山，自己的力量不足時，幸有旁人前牽後推、左右扶掖，以此之力，便可登峰造極。」

怎麼樣助念呢？

一個人將死之前，最好先讓他躺成吉祥臥的姿勢，蓮師曾說：「不僅僅是人，即便是動物以吉祥臥而死去，也絕不會墮入惡趣。」不過，亡人若因身體痛苦改換臥勢，也要任其自然，不可強制。

然後，在他的枕邊放上轉經輪，觀想十方諸佛放光加持，子女和親友在亡人身邊，以悅耳柔和的聲音，念「南無（na mó）阿彌陀佛」或「嗡瑪尼貝美吽」。若實在不方便，也可以放一個念佛機在旁邊，讓亡者一直聽聞佛號。

同時，有條件的話，應於亡人頭頂上方，擺設阿彌陀佛的畫像、佛經、佛塔，為其供七盞燈，最少也要有一盞。因為亡者步入黑暗恐怖的中陰界後，若有親人為其供燈，會給他帶來光明和安全感。

斷氣之後，二十四小時內不要觸碰亡者，等身體完全冷卻，再去移動或者更衣。遺體最好在三天內不要火化，在此期間，家人應為亡者一直念佛號。若懂得其他的助念儀軌，也應儘量念誦；如果不懂，就一心一意地念佛。

此外，在四十九天內，每天要為亡者做一件善事，如放生、吃素、供燈、念經等。

值得一提的是，亡人在臨終時，親友最好不要在他旁邊哭泣，呼喊他的名字。《正法念處經》中說：「聞其悲啼哭泣之聲，業風吹令生於異處。」亡人本來可生於善處，若聽到親人的哭聲，很容易產生貪戀、失去正念，最終轉生於不好的地方。

藏地著名的空行母林薩秋吉，在《中陰遊記》中，也描寫過親人哭泣對亡者的影響：

有一次，她經歷瀕死。當離開了肉體後，她看到身體躺在床上。她試圖與家人溝通，但他們根本看不到她。

她的兒女在哭泣時，她感覺有「膿和血的雹」全部降在身上，引起她劇烈的痛苦。

當她來到一位為她超度的上師面前，上師安住於心性光明之中，讓她感到無比的快樂……

所以，親人或朋友臨終時，一定要知道什麼對他有利、什麼對他不利。哭泣雖說是人之常情，但按照佛教的觀點，這會讓亡者深受其苦，若儘量把哭聲變成念佛聲，這才是對他最大的利益。

亡者已逝，請別再給他添苦

一個人死後，家人若能為他念經做佛事，這對亡者有極大的利益。反過來說，家人若為他造惡業，比如殺生祭祀，也會增添亡者的負擔和痛苦。

佛經中記載：一次，佛陀與阿難在河邊行走時，看見有五百個餓鬼一邊走路一邊唱歌，特別歡天喜地的樣子。

阿難問佛陀原因，佛陀回答：「這些餓鬼的子孫，正在替他們修福，他們快解脫苦海了，所以開心得唱歌跳舞。」

後來，又遇到好幾百個餓鬼，很傷心地走了過去。阿難又問佛陀，佛陀告訴阿難：「那些餓鬼的子孫，正在為他們殺生作祭祀。餓鬼身後有火逼迫，所以一直在嚎哭。」

《地藏經》中也講過：「人命終之後，千萬不要為其殺生，拜祭鬼神。此舉對亡人無絲毫利益，只能增添他的罪業。假使他原本應往生善趣，也會因為家人的殺業，反落惡道。」

從前，有個姓金的人，吃齋戒殺，非常虔誠。他死後魂識附在一孩子身上，通過其口告訴妻子：

「我因為善業不深，沒有往生淨土，但在陰間已經很快樂了，來去都很自由。」

一天，他突然呵斥妻子說：「為什麼在我墓前殺雞祭祀？今天已有人監視我，不像以前那麼自由了！」

由此可見，人死之後，不能以造惡業來祭祀，不然就會給亡人增加痛苦。在藏地，如果父母去世了，孩子卻經常殺生、為非作歹，人們就會說：「這家留下了那麼壞的子孫，還在不停地造惡業，他們的父母真是可憐！」

所以，有些老父親、老母親也要注意了：趁自己還沒有過世，儘量要勸孩子多做善事，這樣，你的今生後世才會安穩。

願人人都掌握「剎那往生法」

世界末日不一定到來，但每個人的死亡末日，卻隨時有可能突然降臨。

對每一個人來講，無論你信不信佛，死亡都是無法避免的。

當然，每個人死的方式都不相同：有的人是長年臥病在床，疾病纏身而死，有時間提前觀想佛陀、念誦佛號；而有的人卻是突然橫死，根本措手不及，一瞬間就離開人間了，這個時候，一定要用上「剎那往生法」。

什麼是「剎那往生法」呢？

我們若遭遇地震、車禍、洪水、墜崖、雷擊、中彈等危難時，來不及觀想阿彌陀佛的身相、極樂世界的莊嚴等，此時第一個念頭：一定要想著自己的心識往上去。

若能觀想上方是阿彌陀佛，自己的心識融入阿彌陀佛心間，那是最好；如果不能，至少也要想心識往上去。有了這種意念，依靠三寶的加持力，一定不會墮落而獲得解脫。這是蓮花生大士在《六中陰》中極為殊勝的竅訣！

這個方法說起來簡單，但屆時能不能用得上，就要看平時的準備了。如果你在日常生活中，遇到一點緊急情況，甚至走路被石頭絆了一下，也馬上這樣觀想，那麼，久而久之後變成「本能」，一旦大難臨頭，就會馬上想得起來。否則，只是稍微瞭解一下，從來也沒有訓練過，那關鍵時刻很容易驚慌失措，什麼竅訣都忘得一乾二淨。

人死後到了中陰階段，這時若能及時憶念阿彌陀佛，也能夠往生，這是非常關鍵的！喬美仁波切說過：「到了中陰階段，慢慢知道自己已死了，此時若祈禱阿彌陀佛、藥師七佛（藥師七佛曾發願救度中陰身），他們就會現前，引領你前往清淨剎土，或是八大菩薩前來接引。」

倘若生前曾破過戒、毀過誓言，業力非常深重，此時明知在中陰界，也拼命憶念了諸佛菩薩，但什麼感應都沒有，這該怎麼辦呢？一定要想往生極樂世界，往西方去！

然而，中陰界沒有日月，根本不知道「西」在哪裡，這時你要一心一意祈禱阿彌陀佛，這樣，阿彌陀佛定會現身指引。

值得一提的是，在前往西方極樂世界的途中，你可能會遇到昔日的親朋好友，他們哭哭啼啼地求你不要離開。這時你千萬要注意：不要貪戀，不要被這些哀求的話語引誘，因為這是心魔幻化的障礙，要阻撓你不能順利往生。

上述竅訣極為殊勝難得，望大家切莫等閒視之！不管你現在能否接受，最好先將此記在心中。

別把「文武百尊」當泥菩薩

每個人在死後趨入中陰界時，會見到各種文武聖尊。如果你平時對他們有所瞭解，就知道這是五部佛的顯現。

我們生前若依靠偶爾的因緣，認識了中陰法門，對死時獲得解脫非常有幫助。

藏地有一個家喻戶曉的故事：

從前，藏地有個非常富裕的人，他家附近住著一位老太太，他們關係很不錯。

後來富人過世了，他妻子特別傷心，便派人把消息告訴老太太。老太太為了安慰富人的妻子，就到她家去幫忙料理後事，做一些施食等。

當時，亡者家裡請了許多喇嘛念四十九天的《聞解脫》，還在佛堂裡掛了文武百尊的唐卡。老太太這輩子因為從沒有見過這些畫像，就以非常稀奇的眼神一直看著。她問在場的一個喇嘛：「這上面畫的是什麼？」喇嘛對她說：「是每個人臨終時會顯現出來的本尊。」

老太太心中充滿了懷疑，說：「真的嗎？奇怪啊，人死時怎麼會有這些東西顯現出來？」

她不太承認這種現象，但也起了一些信心，最後半信半疑回了家。

三年後，老太太離開了人間，當時她的子女非常傷心，也請了許多喇嘛來念四十九天的經。念完之後，因為要把靈牌交給一位很有名的上師，於是老太太的兒子前往拉薩，準備把靈牌交給噶瑪巴。

到了噶瑪巴那裡，由於參見的人太多，前兩天都沒有輪到他，最後到了第三天才見到。當時，噶瑪巴坐在花園裡的椅子上。

老太太的兒子先將供養的財物送上去，再將母親的靈牌交給他，並祈求道：「我母親已去世，請您務必要引領她得到解脫，請您一定答應我！」

噶瑪巴搖搖頭：「這個我不能答應。眾生隨自己的業力而轉，我沒有這麼大能力。」

兒子說：「那麼請您告訴我，我母親現在投生到哪裡了？」

噶瑪巴說：「我怎麼知道？我又沒有神通，什麼也看不到。」

兒子說：「不行，不行！您一定要告訴我，我母親到底投生到什麼地方去了？請您一定要引領她、加持她，讓她能解脫到佛的淨土。」

噶瑪巴回答：「我沒有這樣的能力，也沒有這樣的神通。」

兒子堅持道：「您一定有！您一定具有這樣的能力和神通！」然後抱住噶瑪巴的腳，哭著懇求：「您一定要答應我！不答應的話，我就不放開！」

最後噶瑪巴說：「唉，你母親已經往生淨土好幾個禮拜了。」

兒子聽後不敢相信：「您在說謊吧，我母親一生不懂修行，也沒有持咒念佛，她怎麼可能解脫？都是因為我抱著您的腳不放，您才這樣講的，對不對？」

噶瑪巴說：「不是。你們那裡三年前不是有人過世嗎？你母親去安慰他們時，在佛堂裡剛好看到文武百尊的法相。當時有一位出家人告訴她這是人死時會顯現的本尊。所以，你母親死後看到這些本尊，馬上認出來而當下解脫了。你不信的話，回去問問那位喇嘛當時的情形就一清二楚了。」

回到家後，兒子馬上找到那位喇嘛問原委。喇嘛道：「哦，沒錯。當時你母親什麼都不懂，看到中陰百尊時，問我這是什麼？我就告訴她，這些都是我們中陰時會顯現的所有本尊。」兒子聽完之後，當下對文武百尊生起了強烈的信心。

喬美仁波切也說過：「即使你從未得過灌頂，也從未得任何密法的傳承，但如果與文武百尊的畫像等結上善緣，經常看到、聽到，或者去瞭解，也必將獲得成就。」

其實，不要說跟一百位本尊都結上善緣，就算只與一位本尊結緣，時時觀想他的形象，具緣者也很容易解脫。

往昔，藏地有一個牧羊人，他經常趕著羊群到山上放羊，到了中午，就帶著口糧到附近一所寺院吃中飯。

他每次吃飯的地方，是在寺院的一塊牆壁下面。牆上有一幅壁畫，畫的是文武百尊中的一位忿怒本尊，形象是人的身體、鹿的頭。但牧羊人並不知道他是誰、代表了什麼，只是每天來畫像下吃飯時，分出一半口糧供養這位本尊，並說：「好朋友，這份是你的，一起吃吧！」日復一日，天天如此。

後來，牧羊人死了，在中陰境界裡，當這位本尊在他面前顯現時，他立即認了出來，習慣地說道：「好朋友，一起吃飯吧！」就這樣，他成就了。

還有一個老婆婆，常常路過一座寺院，並能聽到僧人念經的聲音，她經常聽到這麼一段內容：「……本尊有著紅啄木鳥的頭、人的身體，手裡持著弓和箭，放著光芒……我在這位本尊面前恭敬頂禮、祈禱……」

這段文字時不時地在她腦海中浮現，她非常納悶：「怎麼會是這樣呢？人的身體、紅啄木鳥的頭，手持弓箭，還放著光……」因為總是聽到這些經文，而且很好奇，所以不論白天晚上，她一次一次地思索著，很想見見這位本尊。

後來她死了，就在中陰自現界中，那位本尊現前了——人的身體、紅啄木鳥的頭，手持弓箭，放著光芒。她一下子就認了出來，當下獲得解脫。

因此，我們平時若看到文武百尊的像，應該把這些記得清清楚楚，知道自己死後他們會顯現出來。

當然，每個人的根基不同，有些人死後，文武百尊會原原本本現前；有些人則不一定如此，本尊也許會現為動物的形象。此時你不要生害心，也不要將其看作動物，否則，他們馬上就變成恐怖的地獄獄卒——這也是自心的一種幻化。

文武百尊裡的每一尊，其實都是相應於我們的分別念而顯現的。這些畫像有很多甚深的密意，不是像有些人想的那樣：把貪嗔癡顯現在唐卡上。佛教並沒有愚癡到這種程度。

對於這些本尊，懂的人見了會生信心，但如果被不瞭解密法的人看到了，可能會生邪見：「怎麼佛教裡會有這麼多動物頭像的聖尊？」

其實他們不知道，每個人在死後趨入中陰界時，都會見到這些聖尊。如果你平時對此有所瞭解，那時候，就知道這是五部佛的顯現。在你生起這種清淨意念的一剎那間，所有貪嗔癡當下消失，獲得成就也易如反掌。

臨終一念至關重要

臨終時若生惡念，就算終生行善，死後也容易墮入惡趣；臨終時若生善念，就算畢生造惡，也有機會轉生善趣，乃至獲得解脫。

臨終是個極為關鍵的時刻，此時你的心念是善是惡，對來世的去向具有決定性影響。

《法苑珠林》中講過：臨終時若生惡念，就算終生行善，死後也容易墮入惡趣；臨終時若生善念，就算畢生造惡，也有機會轉生善趣，乃至獲得解脫。

從前有位阿耆達王，他一生造塔興寺，做了很多善事，本來死後能轉生天界，可是臨終時有一侍者為他扇風，失手將扇子掉到他臉上，由此他生起一念嗔心，氣絕命終後生為毒蛇。

與之相反，唐朝時，漢地有個屠夫叫張善和，他一輩子殺牛，臨終時地獄相現前，他恐慌萬分。在僧人的勸導下，他拼命念佛，念了還不到十聲，就往生極樂世界了。

為什麼會這樣呢？《那先比丘經》中對此有很好的答案。

彌蘭國王問那先比丘：「佛法中講，有人在世間造惡業一百年，臨終前在短時間裡念佛懺悔，就能獲得解脫，這是真的嗎？我不相信這種說法。佛法中還說，一個人平時沒幹過什麼壞事，僅僅殺害一條生命，死後就會墮入地獄，我也不相信。」

那先比丘聽後，反問道：「大王，若有人拿一塊小石頭放在水上，這石頭是浮在水面上呢？還是沉入水裡呢？」

國王答：「會沉入水裡。」

那先比丘又問：「假若把大石頭放在船上，是不是也會沉沒呢？」

國王回答：「那倒不會。」

那先比丘便以此理啟發國王：「大石頭雖重，但因為船的浮力，不會沉入水中，同樣，有人雖然一輩子造惡，但臨終時依靠念佛懺悔，不但不會墮入地獄，反而能往生天界。小石頭直接放在水上，馬上就會沉底，同樣，有人若不知念佛懺悔，僅以一個惡業，也會墮入地獄。」

國王聽後茅塞頓開，連聲贊言：「善哉！善哉！」

所以，善法有不可思議的力量，即使罪業再深重的人，只要能誠心悔過，精進行善，也會有往生淨土的機會。

每個人都會離開世間，當你躺在最後的床上，面對親友痛苦的眼神，即將孤身一人遠離時，請不要忘了念「阿彌陀佛」。這樣，光明會一直照耀著你，你可能孤單，但一定會歡喜無限。

人死後並非一了百了

當今時代，人們對臨終者的關懷遠遠不夠。如果誰家生了個寶寶，全家人有一套嫻熟的「育兒經」；可是家裡有位老人瀕臨死亡，許多人只有哀傷、無助，想幫他卻不知從何做起。

人去世的時候會非常可憐，就像中陰竅訣所描述的：前有閻羅獄卒牽引，後有業風吹動，雖然萬般不情願，卻不得不捨棄今生的一切，踏上通往來世的中陰長道，獨自面對各種恐怖的景象……在這個時候，亡者最需要親人的說明。

在藏地，許多人都修學過中陰密法，知道如何面對死亡，幫助別人也得心應手。他們在生命走到盡頭時，當臨死中陰、法性中陰、轉世中陰一一現前，依靠金剛上師的指點，以認識心的本性或文武百尊的方式，便很容易獲得解脫。

中陰密法裡也詳細介紹過，當死亡來臨時，上根者如何以證悟法性而獲得解脫；中根者在中陰期間，如何以各種竅訣而解脫；下根者如何將心識轉為道用，從而於幻化世界成為利益眾生的化身。此外，蓮師也有許多不共的竅訣——法身往生法、報身往生法、化身往生法，以及剎那往生法等。

而且，藏地的人死後四十九天內，每天都有人為其念《聞解脫》（即《西藏度亡經》）等，依靠這些密法的加持，可以不同程度地利益亡者。

當然，做四十九天佛事，並不是藏地獨有的，漢地也有這種說法。如《地藏經》中云：「若能更為身死之後，七七日內廣造眾善，能使是諸眾生永離惡趣，得生人天受勝妙樂，現在眷屬利益無量。」

不過，請人為亡者念經四十九天，現在漢地可能沒有這個條件。假如實在不行，子女也可以在亡者的靈牌前，每天念一些經文，比如《金剛經》、《阿彌陀經》、《普賢行願品》、《地藏經》、《法華經》，或者念阿彌陀佛名號、觀音心咒等，然後將此功德迴向亡者離苦得樂。

在藏地，有些家的子女，不但會給亡人做四十九天的佛事，甚至每一年都會為他做佛事：有的是交錢給寺院，請僧眾念往生法或觀音心咒；有的是把亡者的名字寫好，和念經錢一起交給高僧大德，請他超度亡者的神識；有的是在埋葬亡者遺骨的地方，懸掛經旗、刻觀音心咒……

有人聽後，或許不以為然：「人都已經死很久了，再做這些有什麼用？」

但實際上，人死後並非一了百了，不管他去世後多久，若能為他多做佛事，依靠三寶不可思議的加持，必定會對他所投生的那一世有利，可以減少他的很多痛苦。

所以，若想幫助過世的親人，你有條件可以請僧眾做佛事，也可以自己誦經念咒，多做善事，將功德迴向給亡人。迴向的時候，可以在心裡觀想將功德迴向他，也可以口中說出來：「以此功德，願某某往生西方極樂世界。」

有些人可能會想：「如果是高僧大德，給亡人念經當然很好，但像我這樣的凡夫，念經迴向有什麼用啊？」

這種想法，是不懂佛法的表現。要知道，佛菩薩的經咒不論從誰的口中念出來，都會對亡人有利益。就好比金錢在哪兒都有用，富人可以用，在窮人手裡也照樣可以，同樣，佛號、心咒、佛經是極具加持的金剛語，誰念都可以產生力量。沒有任何一部佛經中說：只有高僧大德才能念經超度亡人，而一般人沒有這個資格。

我們得一個人身不容易，在最關鍵的時刻，若沒有獲得佛法的利益，是特別可惜的。希望每個人在生前掌握一些臨終竅訣，這對自己、對他人都有利。畢竟，死亡是誰也逃不掉的命運！

08

看法決定活法

如今人心有點浮躁，好多人都喜歡向外索求，自以為所追求的一切，肯定是快樂的源泉。其實，你若靜下來內觀自心，有時候就會發現：你現在追求的東西，未必是真正需要的東西。

關愛可憐人，比供養菩薩的功德大

「餘事皆下品，唯有利眾高。」

關愛十分可憐的人，有時候比供養佛菩薩更為殊勝。

紀曉嵐在《閱微草堂筆記》中講過一個故事：

從前，有一位比丘尼，她在觀世音菩薩的誕辰日買了很多很多供品。當她擺設完供品之後，感到有些疲倦，便靠著供案暫歇片刻。

恍惚之間，夢見觀世音菩薩對她說：「你不給我上供，我也餓不著。但寺外有四、五個難民，快要餓死了，希望你把這些供品拿去給他們吃。救活他們的命，比給我上供的功德要大十倍！」

比丘尼當下驚醒，打開寺門一看，果然有四、五個面黃肌瘦的人，便忙將供品布施給他們。

可見，關愛十分可憐的人，有時候比供養佛菩薩更為殊勝。

如今，不管是漢地、藏地，許多人對高僧大德的供養特別多，而對一些棄兒、病人、孤寡老人，卻不一定願意花錢去幫助。當然，假如你供養的是真正有菩提心、離貪欲的大德，肯定有很大功德。

但一般而言，這些大德不一定很缺錢，錦上添花不太有必要，倒不如以慈悲心布施給可憐人，這個功德應該遠遠超過前者。

為什麼呢？因為眾生才是大乘菩提的根本。大乘經典中說，菩薩的事情是什麼？就是利益眾生，除此之外，自己的事情是沒有的，包括吃飯穿衣，也是為了利益眾生而行。

當然，利益眾生有兩種途徑：一是直接利益眾生，如放生、講法、布施；一是間接利益眾生，比如在修行時，將自己的功德迴向給眾生，此舉雖沒有直接利他，卻能間接成為利他之因。

曾有人問我：「大乘佛教的價值觀是什麼？」記得我當時是這樣回答的：「一心唯求利他，就是它的價值觀。」

要想獲得快樂，必須要有產生快樂的因

我們感受的一切痛苦，追根究底，全部來自於對「我」的執著。若能經常修菩提心，從根本上斷除我執，那麼很多痛苦就會減輕，乃至煙消雲散。

一般來說，我們病得很嚴重時，會不由自主地想：「我要是沒病多好」；沒有生活來源時，會想：「我要是有錢多好」；生意不順利時，會想：「這筆生意要是成功多好」……

在遭遇違緣時，沒有誰不希望自己馬上離苦得樂，但往往不知道怎麼想和怎麼做。那我們應該怎麼辦呢？

諸佛菩薩告訴我們：要想獲得快樂，必須要有產生快樂的因。快樂的因是什麼？就是積累資糧。比如供養三寶、磕頭、念經、布施等，甚至有時將自己吃剩的飯，以觀音心咒作加持後布施給非人，也能積聚很大的福報。

在供養時，如果有條件，最好用真實、潔淨的供品；倘若沒條件，哪怕是一根香、一盞燈，或者在心中作意幻供養，也都是可以的。值得注意的是，供養時一定要具備清淨的發心，千萬不可以夾雜

吝嗇心。譬如自己在供養一百元時，發現有點捨不得，那就不要供養這麼多，看供養十元有沒有吝嗇心。如果沒有，就把十元拿出來；倘若還有，那乾脆不供養好一點。

現在有很多人今天供養，明天就後悔了；以前有個人供養了佛學院一百元錢，過了五年還掛在嘴上，念念不忘，這些都不是清淨的供養。所以，供養時發心清淨非常重要，若能在此基礎上，同時具足菩提心，福德將會更為圓滿。

修菩提心時，我們可在三寶面前恭敬合掌，一心一意祈禱：「如果我生病對眾生有利，請加持我生病；如果我病癒對眾生有利，請加持我痊癒；如果我死對眾生有利，請加持讓我死；如果我不死對眾生有利，請加持我不要死。」

這篇祈禱文的境界非常深！一般的凡夫人，不要說白天，乃至在夢中也不會有這種想法。甚至有人認為：「怎麼會是這樣呢！三寶的加持不可思議，如果我真的永遠痛下去、病下去，甚至死掉了，那該怎麼辦？生病已經讓我苦不堪言了，還要請佛菩薩加持我的病永遠都不要好，豈不是讓我苦死了？」

其實，這樣做不但不會讓自己痛苦，反而會帶來無比的安樂，可以迅速積累無上的福報。要知道，我們感受的一切痛苦，追根究底，全部來自於對「我」的執著。若能經常這樣想，這樣修心，從根本上斷除我執，那麼很多痛苦就會減輕，乃至煙消雲散。

因此，斷除對「我」的愛執，才是斷除痛苦的最佳方法！

永遠牢記自輕他重

要想今生來世擁有好報，務必要有一顆金子般珍貴的利他心。

有些人偶爾幫別人一次，就認為對人家的恩德相當大，如果那人對自己不小心有點冒犯，他就非常生氣，並抱怨道：「這個人太沒良心了！想當初他有難時，要不是我，怎會有他的今天？現在他恩將仇報，不把我放在眼裡，還對我如何如何……」

有些人沒事就喜歡倚老賣老：「我以前什麼風風雨雨沒見過，想當初我怎樣怎樣……」一個人講得手舞足蹈、唾沫橫飛。

有些人自恃廣聞博識，常在人前顯露自己的功德，以博取眾人的喝彩。

還有些人只要做了一點點善事，就要上網宣傳，昭告天下，生怕大家埋沒了他的壯舉，不知道他的業績。

以上這些行為，若對眾生有利，我們也不敢說什麼，畢竟佛菩薩的顯現，非一般凡夫所能窺探。但若自己的發心並非如此，只是為了個人的名利，那這種舉動，就為大乘行人所不齒了。

為什麼呢？因為大乘主修自輕他重，把眾生的利益放在第一，眾生的份量遠遠超過自己。幫助眾生，為他們做一點事情，這是理所應當的，又有什麼可炫耀的？

縱有十分福氣，也只享受三分

俗話說：「祿盡人亡。」所以，我們若想在非常短暫的人生裡，快樂長一點，活得久一點，就一定要惜福。

人一生的福報是有限的，它就像銀行裡的存款，如果不珍惜而肆意浪費，一旦福報享盡了，就要遭受莫大的痛苦，甚至命不久矣。

元朝曾有兩個太學生，同年、同月、同日、同時出生，八字完全相同。他們同中鄉試，也同日做官，一個在鄂州，一個在黃州。

沒多久黃州官去世了，鄂州官非常恐懼，趕緊交代後事，以為自己也快死了。但過了七日，他仍身體健朗，就前往弔祭老同學，哭著說：「我與你出生的年月日時一樣，出生地點也一樣，但你比我早去了，我即便現在死，也比你晚了數日。這是為什麼呢？若有神靈，請托夢告知我。」

當天夜裡，他夢到死去的黃州官說：「你凡事都節儉，所以能享長壽。而我享用過度，福報早用盡了，所以壽命短促啊！」

俗話說：「祿盡人亡。」所以，我們若想在非常短暫的人生裡，快樂長一點，活得久一點，就一定要惜福。

佛教中的歷代高僧大德，對珍惜福報尤為重視，他們吃飯能果腹即可，穿衣能避寒就行，其他的並不是特別講究。

像漢地的弘一法師就是這樣：

有一次，大教育家夏丏尊先生前去拜訪弘一法師。中午吃飯時，見他只吃一道鹹菜，夏先生不忍心地說：「難道您不嫌這鹹菜太鹹嗎？」

弘一法師回答：「鹹有鹹的味道。」

過一會兒，法師吃好後，手裡端著一杯開水。夏先生又皺皺眉頭道：「您沒有茶葉嗎？怎麼每天都喝這平淡的開水？」

弘一法師又笑笑說：「開水雖淡，淡也有淡的味道。」

懂得惜福，才會福澤綿長。其實，不管是什麼人，擁有的一切就算無人能及，享受的也是寥寥無幾。俗話說得好：「縱有良田萬頃，不過日食三斗；縱有廣廈萬間，不過夜宿一床。」所以，每個人只要能維持必要的生活就好，不要輕易糟蹋自己來之不易的福報。即使你有十分福氣，也應只享受三分，剩下的留待來日再用。

倘若你能發大心，將福氣布施一切眾生，無形之中，自己的福報也會更為增上，安樂不會有窮盡之時。

忘恩負義，天人也會嫌棄

忘恩負義之徒，對別人的深恩厚德不但不報答，反而嗤之以鼻。這樣的人，護法、天人也會嫌棄，最後誰都不願意護持他。

有些人所做之事極易成功，而有些人卻一波三折，這是什麼原因呢？除了各自福報不同以外，關鍵還要看有沒有護法、天人的幫助。而若想獲得他們的鼎力相助，必須要有完善的人格，尤其要懂得知恩報恩。米滂仁波切在《君規教言論》中也說：「知恩圖報之諸人，護法神亦恆守護。」

倘若一個人不懂感恩，也不去報恩，還昧著良心害自己的恩人，就像有些人不但不孝順父母，反而百般虐待他們；有的老闆一手栽培了一個人，可這個人卻把老闆的錢財一捲而光……對於這種行為，護法、天人皆不高興，從此不願再守護此人，他的一切所為也會不吉祥。

昔日，有個商人的獨生女，年方十六，長得嬌豔動人。她住在宮殿般的房子裡，晝夜有僕人伺候。

一天，一名年輕的強盜被捕，手腳被綁著，正赴往刑場。當時，商人的女兒正好在樓上看見，不禁一見鍾情，當下就告訴父母：如果不讓自己嫁給那個囚犯，寧可現在跳樓死去。無奈之下，愛女如命的父親便以二千銀幣賄賂衙役和劊子手，帶走了年輕囚犯。

女兒如願嫁給囚犯後，為了贏得丈夫的歡心，天天把所有貴重的飾品戴在身上，並親手為丈夫做飯。

幾天之後，年輕的囚犯想：「什麼時候才能殺了這無知的女人，取走她的財物，好好地享受一番。」

於是，他開始絕食。

女人問他為何如此，他說：「我有心願未了。當被送往刑場時，我默默發願：若能獲救，將供養一座山頂的神仙。現在我能擁有你這麼美麗的妻子，完全是神仙所賜，所以我想前去還願。」

女人聽後，欣然為丈夫準備了一切，並把自己的貴重飾品全部穿戴上身，和他一起上路了。

到了山頂，囚犯臉色一變，惡狠狠地說：「我沒有什麼供奉要做，就是想殺了你，帶走你所有的飾物！」女人苦苦哀求放她一條生路，並願將身上所有飾物全給他，但囚犯不為所動。

危急之下，女人想：「古人說：『智慧不但可以煮，還可以吃。』我得想個辦法來對付他。」

於是她說：「當初我讓父親花二千銀幣把你救出來，應該對你有恩吧。現在我懇求你，在我臨死前向你禮拜。」

「好吧！」

於是她向丈夫禮拜，對他轉繞三圈後，又向四方朝拜，接著說：「以後你再也見不到我了，我也見不到你了。」說完上前和他擁抱，突然趁他不留意，用盡全身力氣把他推下了山崖……

可見，一個人若忘恩負義，下場必定不太好。或許有人問：「佛教不是講空性嗎？既然高低、賢劣都是平等一味，為什麼還要分別好人、壞人？幹嘛這樣斤斤計較、利害分明？」

有這種想法，是對佛法一知半解的表現。實際上，學佛並不是教你要像塊石頭一樣，什麼取捨的智慧都沒有。萬法有勝義和世俗之別，其中，世俗中也有好壞之分。儘管以嗔心報仇，是大乘佛教不允許的，但了知取捨、明辨是非，這是做人的基本原則。

請記住，不管是誰對自己有恩，我們一定要想辦法報答。退一步說，假如暫時報不了，也應該把內心的感激告訴他。

挑剔別人前，請先挑剔自己

佛看眾生都是佛，魔看眾生都是魔。我們的心是什麼樣，所呈現出來的外境，就會是什麼樣。

看到他人不好，實際上是自己的心不清淨。

就像一塊髒兮兮的鏡子，上面污點斑斑，顯出來的東西肯定是面目全非。同樣，我們心的鏡面上，如果黏滿了種種習氣的垢染，那麼無論看到誰，也都會覺得有很多毛病，怎麼看都不合自己的意。

一個人的心不清淨，就會時常疑神疑鬼，覺得周圍的人都在欺負自己，甚至看他一眼，也覺得別人的眼神大有問題，似乎是在蔑視自己。他所見的一切皆不清淨，就算是聖者的功德也全然不見。

相反，倘若一個人的心很清淨，就會視每個人都是佛菩薩。即使有人無端刁難，也會覺得是大菩薩在以此方便法門來消除自己的業障，心安理得地接受一切；就算看見特別愚癡的人，也會認為是大成就者的故意示現。

《雜譬喻經》中講過一個故事：

古印度有一座寺院，住著百餘名僧眾。距寺院不遠之處，住著一位潛心向道的女子，她每天供養一位出家法師，然後在其座下恭敬聽法。

一天，輪到一位老比丘前去應供講法。他年歲已高、剛出家不久，對許多經義尚不瞭解，但又不知該如何婉拒，只好硬著頭皮，拖著沉重的腳步前去。

這位女子見老比丘的步履如此「安穩」，就對他生起了極大的信心，認為他必定是個有智慧、有定力的大修行人。

進入屋裡，老比丘心情七上八下，享用齋飯的時間拖了很長。

然而，漫長的等待，絲毫未減少這個女子求法的誠心。午齋過後，她虔誠地請老比丘說法。

老比丘惶恐不已，想到自己一大把年紀才出家，對深奧的佛法不明究竟，心裡既慚愧又苦惱，不禁感慨道：「愚癡無知，缺乏智慧，實在非常痛苦啊！」

女子聽了這段話，以為是給自己開示的，就仔細體會其中的意義，明白了由無明產生痛苦……在反覆思維的當下，她竟證得了聖果。

可見，心只要清淨，外境無一不清淨。外境的好壞，根本在於心的安立。明白了這個道理以後，我們就應斷除挑剔別人的習氣，一旦生起不好的念頭，則要立刻制止並懺悔。

挑撥離間，來世變成啞巴鬼

不但自己切莫離間別人，當聽到別人在巧言挑撥時，也應漠然處之，既不反對、也不贊同，這樣對方就拿你無可奈何了。

現在有些人特別能說會道，喜歡挑撥離間。本來別人的關係很好，經他幾句話添枝加葉，立馬就能反目成仇。這種人常以此為樂，自認為很聰明，卻不知這樣於己十分不利。

在古代，有個人叫安庭柏，善於挑撥離間，口才也非常好。縱然是至親，一旦被他挑撥，也會立即形同水火。在他的巧舌離間之下，有親兄弟發生爭鬥的，有情投意合的密友斷交的。他一生中窮困潦倒，後來業力現前，臉頰生瘡，喉嚨和舌頭潰爛，在哀號中悲慘地死去。

紀曉嵐在《閱微草堂筆記》中，也有一則巧舌罰啞的公案：

江寧有一位書生，獨自住在老家的廢園中。一天晚上，他在書房讀書，一個豔麗的女子在窗邊窺視。當時，他知道她不是人，但因女子面容姣好，也不感到害怕，便喚她進來。女子入室後一言不發，問她話也不回答。這樣過了一個月，書生始終不知道她的來歷。

有一天，書生再三詢問，她才取筆寫出自己的身世：

「我本是明朝某位翰林的侍妾，不幸短命而死。因為我生前很會挑撥離間，使一家骨肉矛盾，形同水火，死後被罰做啞巴鬼，已沉淪兩百多年了。如果你能為我抄寫《金剛經》十部，得蒙佛力超脫苦海，我生生世世感念你的恩德。」

書生便答應了她的請求。抄完經書的那天，女子前來拜謝書生，並取筆寫道：「憑藉寫經懺悔之力，我現已脫離鬼趣，但由於前生罪重，尚需做三世啞女才能說話。」

上面的故事，有些人或許不以為然，可能會把它當成神話。但你相信也好、不信也罷，因果絕對是無欺的，只要自己造了惡業，必定會感受相應的苦報。

在這個世界上，除了我們眼耳所認知的以外，還有很多神秘的境界不為人知。愛因斯坦也說過：「有些人認為宗教不合乎科學道理。我是一位研究科學的人，我深切知道，今天的科學，只能證明某種物體存在，而不能證明某種物體不存在。」所以，對生命中很多不可思議的現象，假如你因不瞭解就把這一切統統否定，自己造業依舊肆無忌憚，那等到果報臨頭時，再後悔就來不及了。

如今有些人不管在什麼環境中，始終與大家關係不好，經常受人欺負，許多人都討厭他，換了多少地方也是同樣。假如你有這種遭遇，請千萬不要心生怨恨，而應想到這是自己往昔離間別人的果報，一定要努力懺悔。

懺悔的時候，可以多念金剛薩埵心咒、百字明，讀誦或抄寫《心經》、《金剛經》、《普賢行願品》等大乘經典。若能持之以恆真心懺悔，業力定會漸漸減輕，人際關係也會趨於好轉。

讒言最容易讓人輕信

「依止惡友者，終不得好處，且看獅牛友，被狐離異也。」

從前，有一隻母獅，牠殺了一頭母牛，因為特殊的因緣，不僅沒有殺小牛犢，還把牠與自己的孩子一同哺養。母獅臨終時對牠倆說：「你們是我用同一乳汁餵養的兄弟。在這個世界上，有許多挑撥離間者，我死後，你們誰的話都不要信。」

母獅死後，小獅子和小牛一起生活，在慢慢長大的過程中，它們一直親密無間。當時，獅子每次捕食，一隻老狐狸常會跟在牠身後，想吃到那些剩肉。可獅子這會兒就想起了家中的牛，於是急忙把肉叼回家，或者把肉藏起來。

因為吃不到剩肉，老狐狸非常生氣，牠暗自琢磨：「我挨餓就是那頭牛造成的，我一定要想法把牠倆分開。」

一天，趁獅子出門捕獵之機，老狐狸來到牛面前，俯耳躺下，看上去非常可憐。

牛問：「你身體痛嗎？」

老狐狸說：「我身體不痛，是心痛。」

牛又問：「為什麼呢？」

老狐狸說：「獅子想殺你，我特別替你擔心。」

牛不相信：「你不要說這種話！我們有母親的遺囑，這不可能是真的。」牛口中這樣反駁，心中卻產生了疑慮。

老狐狸說：「信不信由你。反正我已經告訴你了，你自己要注意了。」

隨後，它又跑到獅子面前裝病，也如此言說了一番。獅子心裡也產生了懷疑。

以往在窩裡時，獅子給牛磨角，牛給獅子梳鬣，彼此親密無間，從未猜疑過對方。但現在它們互相打量，愈看愈覺得對方有問題，認為老狐狸說的是事實。

時間一天天過去，最後，牛用角挑開了獅子的肚皮，獅子也咬斷了牛的喉嚨。

這，就是輕信離間者讒言的下場。

善於傾聽就是智者

最有價值的人，不一定是最能說的人，善於傾聽才是智者的特質。

曾有個外國使臣到中國來，進貢了三個一模一樣的金人，皇帝十分高興。這時，使臣提出一道問題：「這三個金人中，哪個最有價值？」

皇帝請來了國內最優秀的工匠，看做工、稱重量，試了許多方法，卻怎麼都鑑別不出來。皇帝十分苦惱，泱泱大國，若連這個小問題都答不上來，實在有失顏面。

此時，一位年邁的大臣說他有辦法，皇帝便叫他快講，只見他不慌不忙地拿出三根稻草，分別從金人的耳中插入：

第一個金人的稻草，從左耳進，右耳出來；

第二個金人的稻草，從嘴巴直接出來了；

第三個金人的稻草，入耳後掉進肚中，沒有絲毫響動。

於是，老臣朗聲說道：「第三個金人最有價值！」使臣默然，點頭稱是。

這個故事告訴我們：最有價值的人，不一定是最能說的人，善於傾聽才是智者的特質。

當然，我們也不能太極端，時時、事事都保持沉默，對什麼都一言不發。該說的，還是一定要說，如此事情才能辦成。而不該說的，切莫信口開河，否則，往往會弄巧成拙。

「貨物要過秤，方知其輕重」

有些人做的事就像芝麻一樣小，但到處表功的聲音，卻像雷聲一樣大。就如同被淋濕的木柴，燃火的能力非常微弱，但冒出的滾滾黑煙，卻四處彌漫。

貨物過秤才知其輕重。一堆棉花看起來特別大，卻不如一小塊金子重。同樣，看一個人也不能只看表面，關鍵要看他肚子裡有沒有真才實學。

愚笨的人總愛誇誇其談，無論辦什麼事，都愛自吹自擂，往自己的臉上貼金。可是等付諸於實踐時，他卻一無是處，什麼都幹不了。

從前，有個富翁的兒子很會背誦入海駕船的口訣。口訣大意是說，到了大海中，遇到有漩渦、迴流、礁石的地方，應該怎樣駕、怎樣撐、怎樣停等。他常對人炫耀：「入海駕船的方法，我都知道。」

一次，他和一些商人結伴去海中尋寶。船到海中沒多久，船師得急病死掉了。這時，眾人推薦富翁的兒子來駕船。

到了有漩渦的急流中，他大聲唱著駕船的口訣，具體操作卻一點都不會。只見船在漩渦裡盤旋打轉，愈來愈快，沒一會兒，全船的人都捲入水中而亡。

現在也有不少這樣的人，在各種場合中，講起話來滔滔不絕，似乎什麼都特別精通，但真正讓他落到實處時，常常令人失望至極。

這種人做的事就像芝麻一樣小，但到處表功的聲音，卻像雷聲一樣大。就如同被淋濕的木柴，燃火的能力非常微弱，但冒出的滾滾黑煙，卻四處彌漫。

就像善於「紙上談兵」的趙括，《史記》中記載：他年輕時就熟讀兵法，一談起用兵打仗的事，就認為天下沒人能勝過他。即便是父親趙奢跟他辯論，也不能駁倒他。

雖然趙括辯才很好，但父親從不誇他。

趙括的母親問其原因，趙奢說：「用兵打仗本來萬分危險，但趙括卻把它說得輕而易舉。趙國不讓趙括做將軍就算了，如果一定要，那毀掉趙國軍隊的非趙括莫屬。」

果然，趙括當上了將軍後，在長平與秦軍作戰時，不但本人被射死，四十多萬士兵也被秦軍活埋。

歷史上雖然已有諸多教訓，但現在有些人還是喜歡聽花言巧語，殊不知，輕易相信這種人，到頭來，叫苦連天的只能是自己。

有信仰，就能活出奇跡

人一旦沒有信仰，就會喪失道德約束，所作所為非常可怕；而有了信仰的話，生起惡念便會加以對治，這不但對今生的精神快樂有幫助，對生生世世的解脫也有著重要意義。

不僅是古聖先賢承認前後世，近代對人類有重大貢獻、對歷史有推動作用的絕大多數科學巨匠也承認這種觀點。

比如，美國數學家蓋洛普，曾對過去三百年以來三百位最著名科學家的信仰進行調查，結果發現其中二四二位信仰宗教，二十位不信宗教，三十八位無法確定其對宗教的態度。換句話說，也就是九二%的科學家都有宗教信仰。尤其是諾貝爾獎獲得者中，信仰宗教者竟占九三・二七%。

美國發明大王愛迪生，就是一個有強烈信仰的人。他在自己的實驗室曾立了一塊石碑，上面刻著：「我深信有一位全智、全能、充滿萬有、至高至尊的神存在。」他一生的發明有兩千多項，但他的信仰不但沒有阻礙他，反而每當遇到難題時，他認為向神禱告是獲得力量的源頭。

還有天文學家伽利略，歷來就認為宗教信仰和科學信念之間並無矛盾。他通過望遠鏡發現了太陽黑子、木星的衛星、月亮上的山脈後，欣喜若狂地寫下了一段話：「我驚呆了，我無限感謝神，祂讓我想方設法發現這樣偉大、多少世紀都不清楚的事蹟！」

人一旦沒有信仰，就會喪失道德約束，所作所為非常可怕；而有了信仰的話，生起惡念便會加以對治，這不但對今生的精神快樂有幫助，對生生世世的解脫也有著重要意義。

其實，佛教所揭示的生死問題，如今在西方國家非常受重視。像西方心理學家榮格，幾十年以來，他始終把《西藏度亡經》帶在身邊，當作自己常年不變的伴侶。他認為自己許多富於啟示性的觀念和發現，全部歸功於這部佛典，並曾熱情地將此書推薦給佛洛伊德、愛因斯坦等學術巨匠。

然而，現在很多人，完全把前世後世當成一種迷信，用非常排斥的行為對待它。這樣的傲慢態度，跟往昔的許多智者比起來，確實有雲泥之別。

附錄　願人人都能成就所願

——索達吉堪布精彩開示錄

出家人為什麼可以不結婚？

問：你們出家人是怎麼做到禁欲的？專家說禁欲有害健康呀。

堪布答：搔癢固然覺得無比舒服，但不癢的話，豈不是更快樂嗎？

一些僧人也用iPhone，這些東西是怎麼來的？

問：通過媒體，我們常看到一些僧人開寶馬，手裡拿iPhone、諾基亞。雖然這也是很正常的，但我想問，這些東西是怎麼來的呢？

堪布答：這種現象，可能要從兩個角度來理解：一方面，佛教徒不一定全部是好的，裡面也有一些「腐敗份子」。像有些出家人，把信眾做功德、做慈善的錢，自己偷偷拿去享用，該做的功德卻沒有做，這種因果報應非常可怕。

還有一種情況是，對於有些上師，為了方便弘法利生，施主供養他一輛車，或者其他財富。按照施主的意願和要求，這個東西必須他用，這樣也是可以的。

佛教的《毗奈耶經》中講過，倘若你前世福報很大，今生不需要勤作就腰纏萬貫，那就算是一個出家人，所住的房屋價值五百兩黃金，也是允許的；所吃的東西具足百味，也是可以的，這些都不算違背戒律。

現在是二十一世紀，出家人不一定都要穿破爛的僧衣，個別人有能力的話，也可以享用自己的福報。但若是通過不正當的手段來斂財，那麼「好花不常開，好景不常在」，遲早會受到今生或來世的各種報應。

所以，這個問題不能一概而論，需要一分為二地去分析。

藏族喇嘛都是真正的大德嗎？

問：如今前往漢地城市的藏族喇嘛，叫做「漢喇嘛」。其中，有一部分是真正續佛慧命的，用佛法饒益了無數弟子。但還有一部分，沒有任何修證，只是依靠打卦算命等方式來斂財，甚至盜用一些高僧大德的名稱，四處搜刮錢財，最終讓自己腰纏萬貫。從佛教教義的層面來看，這樣做是否合理？我們應當如何對待這一現象？

堪布答：我本人而言，應該算是最早的「漢喇嘛」了。一九八七年，法王如意寶前往五台山時，漢地從來也沒見過「漢喇嘛」，以至於我們去一些商場時，售貨員見到我們都不賣東西了，一直圍著我們指指點點，好像發現了外星動物。當然，現在可不會這樣了。

正如你所說，在「漢喇嘛」當中，有些是真正的高僧大德，他們前往很多城市，並不以金錢為目的，而完全是以佛法利益大眾，引導很多人皈依佛門，為他們種下解脫的善根，並開創非暴力的和平妙道，給無數人和動物帶來了今生來世的快樂。但也有一些人，假借佛教和寺院的名號，穿著袈裟，前往漢地，各種行為特別惡劣、令人髮指。

不過，讓我們一口咬定誰是真、誰是假，這非常困難。從歷史上來看，昔日阿底峽尊者來到藏地之前和之後，印度也有很多人入藏，有些是為了騙取金子而來，但也有些是為弘揚佛法而來。因此，我們不能一開始就急著斷定好壞，而應當通過細緻的觀察，去粗取菁、去偽存真。

走投無路了是否就去寺院？

問：現在修行人中，苦行的愈來愈少，很多人是混不下去了，走投無路才投奔了佛教，不少寺院更像是一個收容所，不是嗎？

堪布答：不一定所有的寺院都是如此，正規的佛教道場，還是以學習佛法、修行佛法為主。其實，不管是什麼樣的群體，都會存在良莠不齊的現象，關鍵看你個人如何取捨。

佛經是一半騙一半勸嗎？

問：最近在看一位法師的弘法講座，他說：「佛經是一半騙一半勸。騙是為了勸，開始都是騙大家，讓大家產生敬畏之心，但最終的目的，是勸大家斷除貪嗔癡慢疑。」對於這句話，您是否贊同？

堪布答：他說佛經一半是騙人的，這個我肯定不承認。我學習佛法、研究佛法這麼多年，沒有一剎那這樣認為過。

只不過，佛經有了義、不了義之分。所謂的不了義，是為了接引根基不夠的眾生，暫時給他講一些特殊法門，到了最後，待他的根基成熟了，再慢慢宣說究竟的法義，引導他進入更深一層的境界。如果把不了義認為是「騙」，用詞可能不太恰當。

要知道，語言有貶義詞、褒義詞之別。作為佛教徒，對佛經的金剛語，應該有正面的評價。為什麼呢？因為佛陀確實是真語者、實語者、不誑語者，縱然大海離開了波浪，佛陀也不會欺騙眾生，這是前輩大德異口同聲讚歎的。佛陀所講的每一字、每一句、每一個道理，不論過了多少時代，也都經得起推敲與觀察，所以，這並不是一種欺騙。

佛教裡，是否贊成高調的慈善行為？

問：現在有個慈善家叫陳光標，捐出的善款已達幾億人民幣。但他做慈善非常高調，比如，他會砸掉自己的賓士，要求員工和他一起騎單車上下班，以此提倡低碳環保；或者他本人五音不全，卻辦了一場個人演唱會，給參加演唱會的農民送豬、送拖拉機、送紅包……如今不少輿論都抨擊他是在作秀，不知道在佛教裡，是否贊成這種高調的慈善行為？

堪布答：關於他的有些報導，我也看過，但具體情況是怎麼樣，我沒有詳細瞭解過，所以不敢妄加評論。

總的來講，假如自己所做的善行，真的對別人有利益，就算高調一點也無可厚非。像比爾·蓋茲、巴菲特，他們舉辦的慈善晚宴，也都比較高調，在很多公開場合，也常常宣揚慈善理念。這一切不但不值得抨擊，反而理應隨喜。

當然，一個人的善行若是表裡不一，有很多漏洞的話，慢慢也會被人們發現的。如今中國的慈善，還有很多不完善的地方。前不久，創立「壹基金」的李連杰就說：「中國的慈善，若想達到美國的標準，起碼還需要三十年。」的確，如今慈善缺乏相應的立法，因此，有些慈善家的慈善行為，確實還有待規範化。

不過，按照佛教的觀點，一個人的善舉只要對眾生有利，哪怕高調一點，也沒什麼大問題。畢竟別人一般不敢出頭露面，他卻頂著眾人的攻擊，為了利他而不顧自己，這種精神相當可貴。當然，也有些人打著慈善的旗號，為了自己而大肆斂財，種種行為特別惡劣。所以，這些方面很難下定論，大家需要睜開智慧的眼睛，然後細緻地作取捨。

如何看待現在宗教商業化的問題？

問：一直以來，我很崇尚佛教的慈悲觀等教義，但近年來，當我出入一些旅遊景點，發現宗教逐漸被商業化時，覺得很憤怒、很痛心，甚至會敬而遠之。請問，您如何看待現在宗教商業化的問題？正統的佛教，未來在這個物欲橫流的社會中，應當怎麼樣立足？

堪布答：你這個問題很好！你的感覺跟我有一個地方相同，就是看見許多宗教場所被商業化時，自己很痛心、很傷心。但不同的是，我並沒有特別憤怒，也沒有對誰生氣，因為這種現象的產生，可以說是眾生的共業所致。

當然，你提的這個問題，也確實是個問題。現在漢地許多寺院，都在賣門票，人們花了很多錢進去以後，基本上聽不到佛教的教義，只是看到一些佛像。這些佛像在他們眼裡，好像也跟美國白宮旁邊的華盛頓塑像沒有什麼區別，寺院完全變成了一個旅遊景點，這種現狀令人悲哀。

其實，我在極個別寺院也講過，現在有些寺院，根本不需要很多錢，該造的殿堂已經造完了，出家人也沒有用過這些錢，那麼，供養三寶的錢都哪裡去了？大家應該好好觀察。

在我們藏地，除了極個別的大寺院以外，到目前為止，許多寂靜地方的寺院，並沒有淪為旅遊景點。有人去那裡朝拜的話，不用買門票，而且有法師講一些佛理，讓大家回去時內心滿載而歸，原來對佛教不懂的地方，這次終於恍然大悟了。可是在漢地，據說有些老闆把寺院全部買下來，讓一些人假扮成和尚，花言巧語地騙遊客，讓這些人掏很多錢求保佑，結果錢卻落入了他們的腰包……

這種現象特別可怕！作為一個佛教徒，我再次呼籲：佛教道場跟旅遊景點要分開。旅遊景點，可以讓旅遊局來管理；而佛教道場，誰都可以去，不用買門票。進了佛教道場以後，大家不僅可以朝拜佛像，同時，還要有法師給他們講經說法。

如今想瞭解佛法的人特別多，包括大學生等年輕一代，也對佛教非常感興趣。我想，假如出家人把佛教最簡單的慈悲觀、利他觀，經常給大眾灌輸，那麼別人去寺院哪怕只有一次，也能對他的一生都有幫助。

一筆錢只能幫助兩個人中的一個時，怎麼選擇？

問：我偶爾會參加一些公益活動，見到了許多需要幫助的孩子。如果有兩個孩子同時需要救助，一個治癒的希望大，一個希望小，而一筆資金只能幫助一個孩子時，許多人就會選希望大的孩子。但

我認為生命是平等的，這對另一個孩子不公平。請問，如果從佛教的慈悲觀出發，您會作怎樣的選擇？為什麼？

堪布答：這個難度比較大啊！我以前也碰到過。有一次，我遇到兩個病人，一個說是癌症晚期，沒辦法救了；一個還有活下去的希望。當時，施主只能資助一個人的治療費，他們就問我怎麼辦。

其實，從生命的意義上講，每個生命都是平等的。但當時醫生已下「病危通知書」了，說那個人病入膏肓、無藥可救了，把錢花在他身上也是杯水車薪；而另一個人，醫生說還有一分希望。後來，我們經過共同商量，決定把錢用在另一個人身上。

從個人的角度講，我們跟這兩個病人非親非故，對他們完全是平等的。可是若以醫生的語言為依據，為了把錢花在刀刃上，不辜負施主的一番託付，我們只好作出了取捨。的確，沒過兩天，癌症晚期的病人就去世了，萬一錢用在了他身上，希望也不是很大。

在我們的人生旅途中，常常會遇到這種情況，此時，一定要跟大家共同商量。佛教中也講民主，世間人「少數服從多數」的原則，跟佛教的羯磨儀軌比較吻合。不然的話，讓我一個人做主，也害怕擔不起這個因果。所以，在這些問題上，大家還是要有民主意識，跟相關人員來商量決定。

路上如果遇見一個人需要幫助怎麼辦？

問：我是哲學系的老師，搞西方哲學的，但對佛教特別感興趣。我有一個困惑：比如我走在路上時，遇到一個人需要幫助，但我又有特別緊急的事要去做。如果我幫他，就會耽誤非常重要的事情；如果不耽誤事情，就沒法救他，這該怎麼辦？

堪布答：問得好！在這種情況下，關鍵要看自己的利他心重不重。

尤其當別人遇到生命危險時，假如你的利他心特別重，那麼即使自己的事情耽誤了，也會想方設法去救他。反之，一個人利他心不重的話，就算沒什麼要緊的事，也會前前後後顧忌很多，不願意伸出援手。

所以，應該怎麼去抉擇，這個很難一概而論，要視每個人對他人的愛重程度來定。

該不該給乞丐錢？

問：我有個困惑：現在騙子特別特別多，假如在路上遇到乞丐要錢，我是給他還是不給呢？

堪布答：佛教中並沒有要求作布施時，連是不是騙子都不必觀察，就一定要把財物都給他們。一般而言，布施的時候，需要用智慧來抉擇被施者是否真的貧困。假如遇到的是騙子，你也可以不給。

但有些人，因為自己比較吝嗇，便把所有的可憐人都看成騙子，這不太合理。有些乞丐是真是假，基本上也看得出來。倘若實在看不出來，就以自己當時有沒有慈悲心為準。

如果您沒有兄弟姐妹，您會出家嗎？

問：請問，您有兄弟姐妹嗎？

堪布答：有。

問：如果您沒有兄弟姐妹，您會出家嗎？

堪布答：會。

問：為什麼呢？因為中國文化強調「不孝有三，無後為大」，如果您是獨生子女，那麼，您這個抉擇算不算不孝呢？

堪布答：以前我出家時，家裡還有一個弟弟、三個妹妹，但並不是因為有了他們，我就可以放心地不管父母了。藏地和漢地的文化背景有些不同，一般在我們藏地，家裡出一個出家人，是無比光榮的事情。即使父母沒有人養，他們晚年也可以到寺院附近，過安詳的生活，不會有任何怨言。

其實，按照蓮池大師的說法，真正的大孝，不一定是給父母房子、財物，而是應該對他們的生生世世負責。表面上看來，出家後似乎無法對父母盡孝、承歡膝下，但實際上，子女出家修行的功德，對父母絕對是有利的。

在我們佛學院，有些漢族人出家，剛開始時父母也很不理解。但到了後來，這些父母接觸了佛教後，慢慢開始學習，甚至自己也出家了。

所以，我的回答很簡單：無論我是獨生子，還是有其他兄弟姊妹，由於明白了佛教可以給眾生帶來什麼，所以都會選擇這一條路。而這種選擇，可以真正報答父母的恩德。

老人應該怎樣學佛，才能斷除對死亡的恐懼？

問：我剛學佛不久，接觸了佛法之後，我覺得爺爺奶奶非常可憐，因為他們年紀很大了，特別害怕死亡，但又沒有信仰，每天都在等死的心態中度過。而藏族的老人非常有信仰，每個人都很快樂。請問，漢地老人應該怎樣學佛，才能斷除對死亡的恐懼？

堪布答：你說得很對！我經常也有這種感覺，在我們藏地，很多老人從小就念佛，死時也念佛，所以大多數對死亡並不害怕，只是把它當成換一件衣服而已。而漢地的很多老人，由於沒有信仰，到了臨終時，特別恐懼、無依無怙，許多現象看起來非常可憐。

其實不管是誰，在不久的將來，都會面臨這樣的痛苦。那個時候，不知道你有沒有一點把握？假如我們在年輕時、在有精力思考時，懂得了生老病死的真相，到了那時，內心就會有一分坦然。

當然，因為環境的影響，有些人可能完全沒有這種概念，一下子轉過來也比較困難。但即便你不信佛教，也可以思考一下佛教所講的道理。假如它確實言之有理，那為什麼不接受呢？若能這樣多方面觀察，並逐漸深入瞭解佛教，那麼在以後面對死亡時，就不會特別無助了。

否則，一旦等你們老了，才讓我講一個道理，叫你馬上就不怕死，這有一定的困難。所以，希望大家對死亡還是要儘早準備。

我們應該怎麼樣對待父母？

問：佛教講「上報四重恩」中，就有一種恩叫父母恩。但現在很多人對父母有想法，平時對父母的傷害也往往最大。請問，我們應該怎麼樣對待父母？

堪布答：報答父母的恩德，對每個人來講非常重要。按照佛經的觀點，即使將父母扛在自己的肩上，轉繞整個宇宙，也報答不了父母之恩。很多佛經中，都提到了對父母要報恩，當年虛雲老和尚三步一拜朝五台山，也是為了報答父母的大恩。

現實生活中，有些孩子跟最親近的父母往往衝突最大，這種現象不太好。《弟子規》中講過，父母哪怕不小心做錯了什麼，也應以柔和的語言跟他溝通，不要惹他生氣；如果他特別生氣了，這時候就不要說，等他心情緩過來了，再慢慢跟他講；假如實在講不通，作為子女，也要儘量隨順。

有些子女可能因為前世的因緣不好，整天跟父母吵吵鬧鬧，對此，自己一定要懺悔，並要學會理解父母。不管怎麼樣，父母顯現上再不對，子女也不能太過分，而應以一種感恩心來對待他們。

想延壽怎麼辦？

問：用什麼方法可以幫助父母延壽？

堪布答：多為他們放生，多念長壽咒。

「苦」到底是什麼意思？

問：您的書叫《苦才是人生》，那麼這「苦」應該怎麼理解？

堪布答：「苦」分為兩種：一種是粗大的苦，比如頭痛、失戀等；一種是細微的苦，指一切無常，任何美好的事物都難逃這個命運，這就是苦。

《苦才是人生》的「苦」，主要是指佛教中的苦諦，它是跟眾生的愛執聯繫在一起。

為什麼人們如此空虛？

問：您覺得現在人的精神空虛嗎？

堪布答：空虛！很多人現在追求的東西，未必是真正需要的東西。

想發財有什麼好辦法？

問：如何才能發財呢？

堪布答：多布施！

做事怎樣避免急於求成？

問：在面臨改變時，對自己要求太高、急於求成，該如何？

堪布答：有些事情是靠因緣的，別給自己太大的壓力，欲速則不達。

工作很執著，想獲取更多，菩薩贊同嗎？

問：工作中越努力，好像越執著於工作，希望從中獲得更多，這不是佛教徒該有的態度，怎麼辦呢？

堪布答：只要不害競爭對手，在此基礎上，遇到合適的機會，還是可以積極爭取的。

怎樣才能「不負如來不負卿」？

問：我很想出家，卻又放不下家庭，怎麼辦？

堪布答：呵呵，那沒辦法出家！

活佛有偏心怎麼辦？

問：怎樣才能不讓活佛偏愛一切有錢眾生？

堪布答：給他多開示錢財的過患。

沒錢供養寺廟怎麼辦？

問：現今重建的寺廟很多，當個人財力不足以供養時，應該怎麼辦？

堪布答：內心真誠地隨喜即可。

如何消除強迫症這種痛苦？

問：我十幾年來深受精神障礙的困擾，我有一種強迫症，或者叫恐懼症，是從小就與生俱來的。我一直覺得自己是世上最無可救藥的，根本沒有自信，不可能得到救贖。雖然現在學佛後好了很多，但在全國，像我這樣的病例非常多，醫學卻沒辦法治療。請問，如何才能消除這種痛苦？

堪布答：假如今生患有一些恐懼症，按照《俱舍論釋》的觀點，是前世故意亂拋一些小生命，讓它產生恐懼心所招致的果報。若能經常念藥師七佛的名號及《藥師經》，對遣除這樣的痛苦和疾病很有幫助。

倘若你有更高的境界，還可以觀想：「世間上有許多像我這樣的受苦者，願他們的痛苦我來代受，我的快樂迴向給他們。」如此修持自他相換，也能迅速減輕自己的痛苦，並逐漸獲得康復。

怎樣不受是是非非的干擾？

問：如何不受外界流言蜚語所惱，讓自身遺世獨立？

堪布答：清者自清，是非以不辯為解脫。

可以善意地撒謊嗎？

問：善意的謊言有過失嗎？

堪布答：如果真是為了利他，那過失不大。

如何面對鋪天蓋地的謠言？

問：面對誹謗、猜測、誤解，現代社會的我們，該用怎樣的智慧來面對？

堪布答：謠言總是有，不聽自然無。

錯過了，怎麼辦？

問：錯過，是一種宿命，還是幸運？

堪布答：凡事都有因緣，過了就過了，不要多想。

如何放下愛與恨？

問：我們該以什麼樣的態度來面對愛恨情仇？

堪布答：緣來則聚，緣去則散。得之我幸，不得我命。

和家人關係不好怎麼辦？

問：現在世間，很多夫妻關係不太好，互相怪來怪去，甚至貌合神離。通過學習佛法，我有這樣一種感悟：如果丈夫把妻子當菩薩來供養、恭敬，妻子也把丈夫當菩薩，乃至父母把子女也當菩薩，彼此關係就會愈來愈好。不知這是不是修行生活化，這樣做對不對？

堪布答：能把家人觀成菩薩，這是很好的！我在有些城市裡，就見到丈夫向妻子頂禮、妻子向丈夫頂禮的現象。其實，夫妻在一個家庭裡生活，不應以小小的問題互相挑毛病，成天吵吵鬧鬧，否則家庭就成了一個「小戰場」，始終得不到安寧。

在現實生活中，很多夫妻的關係不是特別融洽，這是一個普遍的社會問題。不僅是中國，現在西方國家也日益嚴重。

關係不好的主要原因，可能與前世的因緣有關係，再加上今生各自的愛好、特長等不同，互相就有許多不理解的地方。所以，我覺得，大家一定要學習佛法的包容心，這很重要！

以前我講《入菩薩行論》、《弟子規》時，一再呼籲家庭要和合，後來聽說有些人學了後，想離婚的也不離了，要自殺的也想開了，還是起到了一定的作用。

夫妻聚在一起本就是因緣，佛教中有句話說得好：「諸法因緣生，諸法因緣滅。」大家若能對此再三思維，知道一切苦樂都是因緣，就不會對另一半太挑剔了，也不會強行剝奪對方的自由，動不動就否認對方的做法。

只有這樣，才能建立起隨順、祥和的家庭關係。家庭快樂了，社會就快樂；社會快樂了，整個國家乃至地球，都會充滿溫暖、快樂的氣息。

怎樣面對孤獨？

問：您是怎樣面對孤獨的？很多人都會面臨這個問題，在這方面，您對大家有什麼建議？

堪布答：有這樣一個說法：「孤獨，是一種寂靜；沉默，是一種禪定。」到目前為止，我好像沒有感受過所謂的孤獨。世人認為的孤獨，對修行人來說，其實是一種寂靜的快樂。就像長年累月在山洞閉關的修行人，他會不會因此而寂寞呢？肯定不會。

我家鄉有一個出家人，在拉薩附近的山洞裡閉關了十二年。前不久他回來了一趟，我問他：「你在十二年中，天天都坐在山洞裡，連太陽光都照不到，會不會寂寞，會不會痛苦呢？」他說：「沒有啊，在山洞閉關的快樂，簡直無法言表！反而來紅塵一趟，我特別不習慣，馬上就想回去。」

因此，世間上很多的單一狀態，在常人看來，是一種孤獨和傷感，但如果自己沒有這樣的執著，並樂在其中，那就不會是一種痛苦。就像天上的月亮，也只有一個，但它發出的光卻那麼美，能照亮大地、開啟蓮花，給很多人帶來快樂。

禁欲和欲望之間如何平衡？

問：您說人生中痛苦占多數，快樂是短暫的。我雖然才二十幾歲，但已深刻地體會到了這一點，

因此很贊同您的觀點。

不過，我有個疑惑是：痛苦是欲望太多導致的，但如果要禁欲，則會帶來新的痛苦。比如，佛教主張吃素，但讓我不吃肉的話，我會感到痛苦；如果不讓我結婚，我肯定也很痛苦。因此，為了消除痛苦，就要減少欲望，但減少欲望本身又帶來了新的痛苦，這個矛盾怎麼解決？

堪布答：吃素或者持戒，如果對你來說非常痛苦、難以做到，佛教也並不會強迫你必須做，而是可以根據每個人的根基，循序漸進地進行。

比如，佛教中的居士五戒，你可以只受一條，也可以受兩條、三條、四條，或者五條全部受持。在五戒都能做到的情況下，假如因緣具足，還可以受更高層次的戒律，比如八關齋戒、菩薩戒等。並不是你自己不想受戒，非要讓你受；或者自己根本做不到的事，非要讓你做，沒有這樣的要求。因此，佛教的戒律和修行，是根據各人的根基來選擇的。

但你如果沒有受持戒律，行持一些不如法行為，果報也是不虛的。因此，即使沒有受戒，對於傷害眾生、危害社會的行為，還是要儘量制止。

做人要有滿足之心，做事要有不滿足之心，如何平衡？

問：從小到大，媽媽給我講了很多佛法道理，讓我明白做人要有感恩之心、滿足之心。但現在身

為一個大學生，我經常和老師做些課題研究，在此過程中，要有一顆不滿足的心，才可以繼續堅持下去，往更深的科學領域發展。請問，一個要滿足，一個要不滿足，這二者的矛盾該如何平衡呢？

堪布答：佛教所提倡的有滿足之心，是指減少一些沒有意義的欲望，比如對錢財、對享受，這方面要少欲知足。但在求學方面，是不需要滿足的。藏地特別偉大的薩迦班智達也說過：即便彙集百川之水，大海也不厭其多，同樣，即便學習再多的知識，智者也不會有滿足的時候。

所以，你們現在學習知識、研究科學，包括學習佛法，這些方面都不應該滿足，不要認為大學畢業就像成佛了一樣，從此什麼都不用學了，再也不用看書了。其實，世間上一些有意義的知識，愈學愈對自他有利，所以求學方面不要有滿足，這是我們佛教的觀點，也是探索科學不可缺少的一種態度。

愛他人就要先學會愛自己嗎？

問：利他就要放棄自我，那放棄自我之前，是不是先要找到真我，就像愛他人就要先學會愛自己一樣？如果是這樣，怎樣找到真我、找到自我？

堪布答：若想找到真我，完全可以通過利他這一途徑。

按照佛教的觀點，執著自我，實際上是一切痛苦的來源。大家也可以想一想，自己往昔所流過的眼淚，到底是為了自己，還是為了利益眾生？一觀察就會發現，人生中的一切痛苦、煩惱、不安，根源統統都是自我——為了「我」的工作，我們辛辛苦苦；為了「我」的感情，我們患得患失；為了「我」的身體，我們殫精竭慮；為了「我」的待遇，我們怨天尤人……

只要執著自我，痛苦就會如影相隨、揮之不去。而只有放棄自我、選擇利他，證悟了無我的境界後，才能找到真我。這一點也是佛教中最深的地方。

如今很多年輕人，生活壓力很大、世間的競爭特別重。但若能通過學習佛法，得到一定的境界，很多問題也就迎刃而解了。所以，對當前來講，佛法是特別寶貴的精神妙藥。

佛教中提倡的利他是無條件的嗎？

問：佛教中提倡利他，但我主動去幫助別人，別人會不會因此而欠我的，被動接受了這種因果？這會不會與利他的觀點衝突呢？

堪布答：佛教中提倡的利他，是無條件的，不希求任何回報。在這種情況下，別人所接受的幫助，將來是不需要還債的。

就像一個東西，我借給你，你以後要還；但若是送給你了，你就不用還了。

做善事如果是為了追求善報，是否自私？

問：佛教說「善有善報、惡有惡報」，那麼，我們在做善事時，如果為了追求一個善報，這是不是體現了人性自私的一面？

堪布答：佛教中做善事，層次是不相同的：

最低的層次，行善是為了追求善報，今天我供養佛陀、做善事，是想自己未來獲得快樂。

中等的層次，是把我做善事的功德，迴向給天下無邊的眾生，讓眾生得到快樂。

最高的層次，是明白所做的一切如幻如夢，我做的善事和「我」全部不緣，安住於遠離四邊八戲的空性中，這叫做三輪體空。

當然，也有人連想獲得善報的概念都沒有，只是隨順別人做一個善事而已。

所以，做善事有很多種，並不只是為了求一個善報。

如何化解「壓力山大」？

問：當今全球面臨嚴重的精神危機，到處都存在著「壓力山大」，我們個人也要面對生活上、工作上的許多壓力。我想問一下，這些大到全球、小到個人的壓力，佛教中如何來化解？有人說要放

下，但壓力不是說放下就不存在了，我們該如何面對呢？

堪布答：壓力太大了，往往是由於欲望太大了。所以，即使大家不能完全放下，至少也要懂得知足少欲，生活上一切隨緣，不要讓心中的貪欲過度膨脹。

假如你們對生活的要求特別高，一定要買幾套房子、幾輛車子，一輩子當房奴、當車奴，到死也沒有還完債，這樣的人生，壓力肯定特別大。所以，佛陀告訴我們，應該降低貪心、減少欲望，儘量地知足少欲。同時，還要懂得諒解別人，不要稍有一點點不開心，就馬上怨天尤人，抱怨社會、抱怨父母、抱怨身邊的人。

其實，按照佛教的因果理念，你這一世若有福報，財富便會不求自得；沒有福報的話，再怎麼樣拼命追求，也只會讓自己越來越窮。所以，希望大家能明白一些佛理，以隨緣的心來面對一切，如此才能活得自在，這也算是一種放下。

為什麼說沒有信仰很可悲？

問：一個沒有正確信仰的人，可悲之處在哪裡？

堪布答：很有可能無惡不作，最終毀壞自己和他人！

什麼才是真正的信佛？

問：我們漢地很多人是「閒時不燒香，急時抱佛腳」，信佛帶有一種功利性，並不是真正的信仰。請問，什麼才是真正的信佛？

堪布答：信仰有迷信和正信兩種。所謂的迷信，是別人說什麼，自己不加分辨，就盲目地相信和崇拜，最終自己也找不到方向。

現在漢地許多人信佛，就帶有迷信的成分，燒香拜佛是為了保佑自己健康、平安、快樂……像做生意一樣。這種信佛跟信神沒有什麼差別。

那什麼是正信呢？當你以一種科學的態度，用自己的智慧去研究佛教時，你會發現，佛陀覺悟了萬法的真理，並用這種智慧給迷茫的人們點亮了一盞明燈，為眾生離苦得樂指明了方向。所以，佛陀非常偉大，他的智慧無與倫比。有了這樣的認識，你的信心就不會退失。

當然，要想獲得這種信心，必須要長期、系統地學習佛法。若只是淺嘗輒止，稍微瞭解一點佛法，這是遠遠不夠的。

皈依佛教後能不能獲得幸福？

問：我學了十多年哲學，發現自己仍然很迷茫，覺得很不幸福。請問，如果我皈依佛教，能不能獲得自己的幸福？

堪布答：你皈依後到底能不能幸福，我也不敢保證。因為眾生今生中要感受前世的果報，假如你前世造了很多惡業，現在即使皈依了，在前世的報應沒有受完之前，也不一定很幸福。不過，我個人多年來長期研究佛教，結合自身的經驗來講，可以肯定地告訴你：今生皈依的話，對來世的幸福必定會是有利的。

當然，皈不皈依要看自己，信仰都是自由的。但確實很多人在皈依學佛以後，自己的人生觀和價值觀有了極大改變，以前可能是無惡不作，後來找到了人生方向，至少也能不害眾生了。

佛教是宗教嗎？

問：佛教是屬於非宗教還是宗教呢？

堪布答：佛教既是宗教，也是非宗教。這樣說會不會矛盾呢？並不矛盾，它可以從兩個層面來理解：說佛教是「宗教」，因為它屬於世界四大宗教之一，確實是公認的一種宗教；說佛教是「非宗教」，因為它的教義涵攝一切學問，揭示了萬法的真相，並非只是宗教這麼簡單。所以，現在很多佛教大德，經常在不同場合中說佛教其實不是宗教，而是一種導人向善的完美教育，也是源於這個原因。

慈悲觀對當代人有什麼用？

問：佛教慈悲觀對當代人最重要的作用是什麼？

堪布答：佛教慈悲觀對當代人的作用，是方方面面的。現在很多人追求金錢，但實際上，就算你擁有很多錢，可以買車、買房子，百般享受也隨之而來，你也不一定真正快樂，錢財也很難陪伴你一生。而你心裡若有一種慈悲觀，這種「財富」就會用之不盡，無論你在人生中遭遇什麼，面對它都可以遊刃有餘，同時還能幫助身邊許許多多的人，這樣的生命非常有意義。

所以，希望大家能漸漸意識到，真正的幸福，並不是一定要建立在物質上。現在人們提倡「低碳」生活，而我們佛教中提倡「低貪」生活，只有貪心越來越少，才能減少不必要的欲望，以隨緣心來面對一切。

這樣的人不管在哪裡，即使住的是露天郊外、吃的是粗茶淡飯，也會感到心滿意足。否則，一輩子都在貪心的驅使下，拼命地往前追、往前趕，到了死時，才發現人生竟然如此蒼白，這時候嘆息也沒有用了。

誰都能生起慈悲觀嗎？

問：我們怎麼樣才能生起慈悲觀呢？

堪布答：慈悲觀的產生，不可能一蹴而就，而需要一個長期的過程。在這個過程中，不但要有善知識的引導、好友的鼓勵、家人的影響，以及經常翻閱大乘經論。更重要的是，還要有自己與生俱來的善根。

沒有善根的人，聽了多少佛教的慈悲理念，也一點感覺都沒有；反之，前世若是修學過大乘佛法，即生中上師稍微指點一下，哪怕只聽了一次短短的講座、看了佛經中的隻言片語，自己的善根也能馬上蘇醒過來，從此人生有著巨大的改變。

在佛教中，這被稱之為「福報」。有福報的人，經常會有一些佛緣；沒有福報的人，總是遇到各種魔緣。所以，每個人的根基和因緣不相同，生起慈悲觀的程度也不一樣。

慈悲心有沒有偏袒？

問：慈悲心有沒有國界呢？

堪布答：真正的慈悲心，不分國界、不分民族、不分地域、不分信仰。只要眾生受苦受難，我們有能力的話，就應該無有任何偏袒心，去救濟他們、幫助他們。

當然，慈悲心的範圍，還要包括動物在內。現在我們最缺的是什麼？就是對動物的慈悲。有一次我上飛機時，看到托運行李的幾個工作人員，在搬行李箱時，見到有幾箱兔子，就故意一個個使勁扔，看見兔子的驚慌失措，他們開心得哈哈大笑。當時我特別不忍心，但也沒有辦法，只好在飛機裡默默念觀音心咒。其實動物也是生命，從這小小的行為中，也能看出來有些人的殘忍。

所以，我們的慈悲心，一定要像陽光一樣，遍及動物和其他人的身上。陽光的普照，不分什麼國家、什麼種族，同樣，我們對所有的眾生，也務必要一視同仁。

「仁」和「菩提心」有沒有高低？

問：儒家講的「仁」和菩提心，相同之處在哪兒？不同之處又在哪兒？有沒有一個境界的高低？

堪布答：我對儒教典籍很有興趣，也學習過一些，它的理念對當前來講不可缺少。不過，儒教的「仁」，範圍只涉及關愛人類，時間也僅限於今生。而菩提心的範圍，包括天下一切生命，從時間來講，也是生生世世。

現在很多人沒有專門研究這些領域，以至於概念上有點模糊，覺得二者好像一樣。但實際上，佛教是非常甚深的，不管你研究《法華經》、《華嚴經》，還是中觀、唯識的思想，都很容易體會到這一點。當然，有些人如果沒有公正的態度，對此只是一味地排斥，那就另當別論了。但你若是有興趣，進入這樣的領域後，會發現它確實不可思議。

所以，儒教的「仁」和菩提心的相同點，是對人類都有一種仁愛之心。但在愛的廣度和深度上，二者之間有一定的差別。

科學還是佛教重要？

問：佛教與科學之間關係是怎樣的？將來社會發展的過程中，科學重要還是佛教重要？

堪布答：佛教，如今被稱為內在的科學。像著名的心理學家榮格，在研究多年心理學之後，接觸了藏傳佛教的《西藏度亡經》，發現它對自己的心靈有極大幫助，於是認定佛教是一種心靈科學，並對此給予極高的評價。同樣，科學家愛因斯坦也認為：「如果有一個能應付現代科學需求，又能與科學相依共存的宗教，那必定是佛教。」

佛教，或者說佛法，實際上是佛陀照見萬法真相之後，抉擇並加以宣揚的。一般而言，「法」有十種涵義，如古籍中云：「法乃所知道，涅槃及意境，福德壽典籍，未來定境規。」而佛法中的「法」，則是指佛法的精要，正如佛經所言：「諸惡莫作，諸善奉行，自淨其意，是諸佛教。」也就是說，提倡不造惡業、行持善法，這即是佛教的本意。

如今的科學，對於外在的物質，可以說有諸多觀察，然而對於內心世界，卻是一籌莫展，只能無奈地在門外徘徊。而佛教的教義，則淋漓盡致地揭示了這方面的真相。因此，著名院士朱清時認為，佛教是當之無愧的心靈科學。

所謂的「科學」，其實除了社會科學、自然科學以外，還有一種叫心靈科學，或心智科學。在我看來，人類只要生存於世，並想不斷發展，心靈科學就不可或缺。這種內在的科學，與外在的發展只會相輔相成，而絕不會成為它的絆腳石。

倘若沒有心靈科學，隨著物質生活的不斷提升，人們的內心只會越來越空虛、蒼白。像如今美國和漢地的很多富翁，縱然擁有數億家產，卻感覺不到絲毫快樂，始終被痛苦的大山壓得喘不過氣來。可見，外在的物質再怎麼富足，也無法帶來內心的安樂。這些人不像我們藏族，基本都相信前後世存在，也有許多對治痛苦的調心方法。對他們而言，假如今生根本不快樂，那一切的發展都沒有了意義。

對沒有信仰的人來說，人生往往缺乏歸宿感，隨著社會的發展，內心的欲望會越來越大，有了一套房子，還想要一套；有了一輛車子，還想要一輛……如此，一輩子都淪為金錢的奴隸，許多現象看起來令人非常傷感。所以，對這些人來講，我覺得，心靈科學顯得尤為重要。

人死如燈滅嗎？

問：佛教對生死持什麼樣的觀點？

堪布答：佛教對待生死，跟世間人完全不同。世間人一般認為，一個人的出生，如同大地上長蘑菇一樣，突然就冒出來了；一個人的死亡，如同灰塵被風吹走了一樣，說沒有就沒有了。但事實上，每個人並不是只有這一世，無始以來，我們在生死中流轉了無數世，只不過現在不記得了而已。而且就算我們這一世死了，生命也一直會延續下去，並不會以此而中斷。

佛教中為什麼勸人要多做善事？就是因為如果你沒有做善事，經常殺生造惡業，也許今生中果報沒有現前，但是在來世，它一定會成熟在你的身上。一切苦樂皆自作自受，故望大家不可不慎！

如何解決競爭與忘我之間的矛盾？

問：由於父母都信佛，我從小就崇奉藏傳佛教，而且從自己的人生經歷來看，佛法確實讓我受益匪淺，尤其是當遇到生死的坎坷時，讓我得到了很大的安慰。

但如今，在現實生活中，我面臨著很多競爭，如果完全像佛教所說的那樣忘我，在面對機會時，我就不會努力爭取，而是會選擇放棄。但若總是如此，可能無法在社會上立足。您對這個矛盾怎麼看呢？

堪布答：如今的社會競爭特別激烈，在不害競爭對手的前提下，你積極地爭取機會、把握機會，做好自己該做的事情，並不違背佛教的教義。有一位大德也說過：「每個人的機遇很難得，因此，在不損害眾生的基礎上，可以積極地去面對。」

是否需要先瞭解怎麼放下，再去放下呢？

問：佛教有句話叫「看破、放下、自在、隨緣」，那麼，是不是我們需要先瞭解一下宇宙人生的真相，再去放下，才能做到自在、隨緣呢？

堪布答：不瞭解佛教的理論，一開始就想看破、放下，是不太現實的。而且，「放下」也不能一概而論，比如行持善法、斷除惡法，這些就不能放下，否則，很容易變成善惡不分，誤入可怕的歧途。

其實，看破、放下，是修行比較高的一種境界。如果真達到了這種境界，對世俗完全看破了，那出家也可以、不出家也可以，一切都自在隨緣，沒有任何執著。

但如果是一個初學者，沒有系統地學過佛法，也不知如何對治自己的煩惱，光是喊這樣一個口號，在日常生活中卻是煩惱、執著一大堆，這可能會有點矛盾。

所以，能否做到這一點，需要分個層次。

佛教是否對行為的後果不夠注重？

問：佛教講用利他心來指導我們的行為，明顯強調行為的動機。這樣，是否對行為的後果不夠注重呢？

堪布答：做任何一件事情，「因」才是最關鍵的。「因」好了，「果」自然就好；「因」不好，「果」也不可能好。就像農民種莊稼，種子顆粒飽滿的話，才能結出沉甸甸的果實。同樣，行為的動機正確了，行為的後果才會圓滿。

所以，佛教中強調動機，並不是不注重後果，而是最有智慧地注重後果。

當然，有時候自己發心非常好，但事情卻沒有成功，這不是對結果不重視，而是由於因緣不具足。

企業家在利益與道德之間如何抉擇？

問：我是做投資的，前不久剛接觸了一個企業家，他遇到了利益與道德之間的抉擇問題：現在的市場充滿競爭，他的產品用的原材料，如果對人體健康等方面合格，成本就比別人高出三到四倍。原來他的基礎不錯，是從房地產商轉過來的，有一些資金積累，所以最初覺得要保證對人體的安全，一直堅持這樣的理念。

但在市場兩年之後，他發現自己的成本比別人高，而這種產品做出來之後，顧客在使用時，短期內又體現不出來產品的優勢，從而導致企業很難再維持下去，現在只好也用對人體有害的原材料了。這樣一來，他的成本就降低了，從今年六月份起，資金就有了明顯的好轉。

我想請教一下，像他這樣的企業家，在面臨如此困境時，應該怎麼選擇才是對的？

堪布答：如今這樣的現象比較多。但若僅僅是為了自己盈利，就不考慮大眾的健康，這樣肯定特別過分，逐漸是會受到報應的。

一個人不管在什麼行業工作，這一輩子中，儘量不要去做危害其他眾生的事。若能如此，就算你的待遇不太好、錢賺得不太多，至少也會心安理得，生活過得比較清淨。

當然，完全清淨的話，對凡夫人來講也不太可能。畢竟現在這個社會，很多人無惡不作，我們生活在這樣的環境中，有時候的起心動念，難免會與惡業相連。但即便如此，也絕對不能故意去損害眾生！

現在的很多不良現象，我們沒有能力去一一揭露或制止。但你們有些人，以後肯定會有能力，有這方面的實力。所以，每個人一定要樹立正確的價值觀，如果你的人生方向沒有定準，今後就很容易危害社會。

學生學習知識的同時，積累福報有何必要？

問：對一個學生而言，在學習知識的同時，積累福報有何必要呢？

堪布答：作為學生，首先，學習知識是很關鍵的。然後在此基礎上，若能行善積福，這是十分明智的選擇。

前世沒有福報的人，今生一切都會不順利，運氣也非常差。所以，古籍中說：「精勤如山王，不如積微福。」只有精勤地積累福德，做任何事情才會事半功倍，否則，僅僅是依靠精進努力，不一定就能如願以償。

就如同有些學生考試，福報不夠的話，平時學習成績再好，結果也考不上。所以，積累福報非常重要。佛陀也說過：「具有福德者，所求皆如願。」

對你們學生而言，倘若造了很好的福德，即使沒有特別勤奮，學業也會很容易成就，同時依靠福德力，心中的智慧能夠自然開啟。一般來說，有了前世的福德之果，再加上今生的努力學習，人生的前途就會很美好。同樣，依靠這樣的因緣，自己的上半生、下半生，乃至未來的生生世世，也會非常幸福快樂。

因此，長期護持這樣一顆善心，以及上供下施的善舉，並如理如法地行持，這一點極為關要，請大家牢記！

學佛是不是只要會念經就行了？

問：我是一名藏族人，父母都是佛教徒，在父輩的影響下，我從小就會背誦一些經文，例如《二十一度母贊》、蓮花生大士教言等。我認為，一個人年輕的時候，在不影響學業和工作的情況下，背誦一些經文，是種很好的習慣。請問，您對此有什麼看法？

堪布答：現在藏地很多年輕人，從小就會背誦百字明、《三十五佛懺悔文》《二十一度母贊》等，這是藏地的一種傳統。如果在自己的人生中，隨時隨地多念這些經咒，無形中就會化解許多危難，增上各種吉祥。

不過，與此同時，許多人最缺少的是什麼呢？就是沒有瞭解這些經文的意義。如同漢地很多人去寺院只是求保佑，對佛教的真理卻一無所知。同樣，藏地也有很多人，包括一些知識份子，從小就信仰佛教，可是讓他解釋一下《二十一度母贊》的內容，好多人都講不來，這一點是非常遺憾的。

所以，我們學習佛法，不能只停留在理論上，也不能只會念念經。漢地有些老太太很會念「南無阿彌陀佛」，我們藏地人也會背《二十一度母贊》，這些聽起來很舒服，但如果不解經義、不懂內容，就會與真正的佛法相隔千里，根本無法一窺其堂奧。所以，理論與修行結合起來學習佛法很重要。

學佛後什麼是真正的境界？

問：生活已經很苦、很煩惱了，但有些人學佛之後，反而變得比以前更加執著或偏執了，他們修法是不是有問題？

堪布答：學佛是否有境界，關鍵看自己的煩惱是否減輕了，利他心是否增上了。

學佛沒毅力怎麼辦？

問：我對生活的一些瑣事很懊惱，經常心煩，但學佛又沒毅力，總是三分鐘熱情，怎麼辦？

堪布答：要想制伏自己的心，滅除一切煩惱，修行很短的時間、只看一兩本書，是遠遠不夠的。就像一位重病纏身的病患，僅僅服了幾顆藥，便希望自己大病痊癒、健康如初，這無疑不太現實。所以，需要長期學習佛法，這樣才能慢慢改變自己。

想修行，但沒時間怎麼辦？

問：平時沒有太多時間，應該如何修行？

堪布答：每天只要抽出一個小時，甚至半個小時，持之以恆地堅持修行，久而久之也會有效果。

學法和實修哪個更重要？

問：作為學佛的初學者，學習教義和實地修行哪個更重要？

堪布答：先學習教義，再實地修行，次第不能混亂，二者缺一不可！

修「自他交換」有危險嗎？

問：若有非佛教徒、未皈依的，教他們修學自他交換法，有任何危險嗎？

堪布答：沒有危險，這是最有價值的換位思考。

念蓮師心咒時專注在哪兒？

問：我一個人靜下來念蓮師心咒時，注意力是應集中在自己的聲音上，還是集中在面前的蓮師像上？

堪布答：最好是專注在蓮師像上。

轉經輪轉反了怎麼辦？

問：我有一個朋友，她去了拉薩，轉經輪轉反了，回來碰到很多違緣，然後她對佛法就很敬畏。請問，轉經輪轉反了該怎麼辦？

堪布答：轉經輪一般都要順時針轉，逆時針的話，確實有很大過失。如果她想要彌補，逆轉了多少圈，再順轉多少圈就可以了。

開悟是什麼？

問：怎樣才是真正的開悟？

堪布答：能說出來的，就不是開悟了。

抄《金剛經》有用嗎？

問：弟子抄了兩年多的《金剛經》，但境界現前時還是難伏妄心，怎麼辦？

堪布答：繼續抄，同時，還要弄懂《金剛經》的意思。

不想行善，也懶得斷惡怎麼辦？

問：我很懶散，不想行善，更懶得行惡。看別人行善也就記著，看別人行惡也不去阻止，我怎麼辦呢？

堪布答：若懂得因果不虛，你就知道怎麼辦了。

對做善事沒有信心怎麼辦？

問：我在面對逆境的打擊時，對佛法的信心提不起來，行為顛倒很愚蠢，想放棄修行又捨不得。誰都想做善良的人，請問，如何讓自己生起無偽的善心？

堪布答：堅信因果不虛、善惡有報，自然就會產生行善的動力。

老了還能學習佛法嗎？

問：我今年四十九歲了，從去年九月開始跟大家學習《入行論》，看到周圍學佛的人都比我年紀輕，總擔心自己學佛太晚，會來不及、跟不上，怎麼辦？

堪布答：你比我年輕，應該來得及。

漢、藏兩地的佛教有差別嗎？

問：漢傳佛教和藏傳佛教之間有何不同？

堪布答：以前，漢地對藏傳佛教的認識非常少，直到一九八七年法王如意寶前往五台山，漢地很多人才開始慢慢接觸藏傳佛教。

漢傳佛教歷來推崇吃素、參禪、念佛，這方面比藏傳佛教做得好。而藏傳佛教中提倡辯論，以此可消除對佛法的各種疑惑；同時，它有系統的修學次第，就像現在的高等教育，從小學到大學之間，一層一層的知識學習，所需時間約十到二十年；此外，藏傳佛教還有很多修行人，通過長期的講法、辯論、造論，以及各方面審核，具備合格的法師資格。

總體來講，漢傳、藏傳都是大乘佛教，沒有太多的差別。

如今漢地很多人特別虔誠，但有點偏於形象化，到寺院裡去只是拜佛、燒香、辦皈依證，卻不明白自己為何要皈依、皈依的好處是什麼，這樣的話非常盲目，也不是真正的佛教。

還有許多佛教徒，別人問他學的是大乘、小乘，他很得意地說是大乘。但以什麼來衡量你是大乘佛教徒呢？很多人卻一無所知。其實，大乘與小乘的區別，唯一要看有沒有利他的菩提心。若沒有度化一切眾生的這顆心，即使你天天修廟，天天做很多很多善事，也根本談不上是大乘佛教。

所以，現在形象的東西比較多，真正通達佛理的卻非常少，這是比較遺憾的地方。

哪一本法本適合所有人學習？

問：現在很多人對道德修養非常重視，您有大量翻譯和講解的著作，在這其中，您最推薦哪一部讓他們先學習，並可以獲得最大的利益？

堪布答：在這所有的法本中，我最推薦的就是《入菩薩行論》。這部論典適合所有人學習，有信仰的人學了以後，會在佛學方面得到真正的受益；即便沒有信仰，通過學習也能減輕自己的嗔心、壓力、焦慮、痛苦等。

在印度，寂天論師造的《入菩薩行論》非常出名，用現在的話來講，它是一部最熱門的暢銷書。而在我們藏地，不管是哪一個教派，也都要學習這部論典。如今，漢地有許多高校的師生學了以後，確實對人生起到了不可思議的指導作用。

因此，大家若能將《入菩薩行論》從頭到尾學習一遍，人生的方方面面肯定會得到莫大利益。

佛法的妙處，怎麼給人推薦？

問：我們應當怎樣向別人介紹佛法？

堪布答：自己先要明白佛法是什麼，它是不是科學的？對我們有什麼利益？……只有說服了自己，才能真正說服別人。

您有什麼樣的成就？

問：請問，您有什麼樣的成就？

堪布答：我沒有什麼成就，只是始終覺得佛法是真理，多年以來自己堅定認真地學習、修行，得到的收穫非常大。這種心靈的財富、智慧的財富，很想跟世間上不同角落的人，尤其是苦難深重的人分享。只有這麼一顆心，除此之外，沒有任何所謂的「成就」。

後記

請用你的感悟幫助別人

曾有一個小故事很打動我：

暴風雨過後，在沙灘的淺水窪裡，有許多被捲上岸的小魚。牠們都困在那裡，雖然近在咫尺，卻回不了大海。

這些小魚，有幾百條，甚至幾千條。用不了多久，淺水窪裡的水就會被沙粒吸乾，被太陽蒸乾，小魚們都會乾死。

此時，出現了一個小孩的身影，他不停地蹲下撈起小魚，並用力把它扔回大海。大人見後，忍不住嘲笑道：「小魚這麼多，哪裡救得完？你這樣做誰在乎？」

小孩一邊扔一邊回答：「這條在乎！這條也在乎！還有這一條、這一條、這一條……」

同樣，如今在這個世間上，迷惑、苦惱的人數不勝數，當你看完了這本書後，假如內心有一絲絲收穫和感悟，請用這份力量去幫助他們，哪怕只有一個也行。因為，他在乎！

索達吉

二〇一二年九月二十九日

國家圖書館出版品預行編目 (CIP) 資料

做才是得到：索達吉堪布教你解脫生老病死苦的實修法門 / 索達吉堪布著 . -- 初版 . -- 臺北市：如果出版：大雁出版基地發行，2020.06
面；　公分

ISBN 978-957-8567-54-2(平裝)

1. 藏傳佛教 2. 佛教修持

226.965　　109005733

做才是得到——索達吉堪布教你解脫生老病死苦的實修法門

作　　者——索達吉堪布
封面設計——小山絵
責任編輯——張海靜、汪佳穎
行銷業務——郭其彬、王綬晨、邱紹溢
行銷企劃——曾志傑
副總編輯——張海靜
總 編 輯——王思迅
發 行 人——蘇拾平
出　　版——如果出版
發　　行——大雁出版基地
地　　址——台北市松山區復興北路 333 號 11 樓之 4
電　　話——02-2718-2001
傳　　真——02-2718-1258
讀者傳真服務——02-2718-1258
讀者服務信箱 E-mail——andbooks@andbooks.com.tw
劃撥帳號——19983379
戶　　名——大雁文化事業股份有限公司
出版日期——2020 年 06 月 初版
定　　價——400 元
I S B N——978-957-8567-54-2

Original title: 做才是得到 By 索達吉堪布
中文繁體字版由中南博集天卷文化傳媒有限公司授權出版